青浦文化丛书　王伟 主编

上海市青浦区文化馆
青浦区非物质文化遗产保护分中心 编

青浦

摇快船

郑土有　吴越晴红 等著

上海人民出版社

青浦区朱家角放生桥

20世纪80年代青浦摇快船比赛（青浦区档案馆提供）

20 世纪 80 年代青浦快船形制之一（青浦区档案馆提供）

沿着朱家角古镇河道而下的快船

经过放生桥的快船

朱家角放生桥游船俱乐部

20 世纪 90 年代朱家角旅游公司打造的两只
快船和当时主管摇快船活动的陆燮明

20 世纪 90 年代摇快船活动恢复后的朱家角两队快船手

摇快船雄姿

快船的装饰

中舱的锣鼓队

维修中的快船

艺人在维修快船

维修快船的材料

调查组成员与快船手杜协均先生（前排中间）合影

调查组成员在杜协均老人家中进行采访

采访摇快船老人孙耀佐（左）、盛示芳（右）

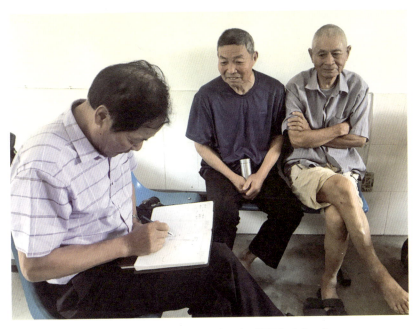

采访摇快船老人王叙高（右二）、诸阿泉（右一）

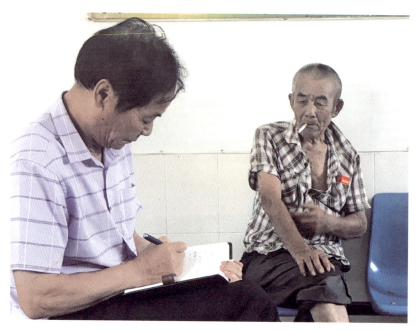

采访摇快船老人诸彩庭

采访摇快船老人蒋仰其（左）

摇快船老人叶允仁（左）、金长春（右）

采访造船艺人倪明生（右）

采访摇快船老人

重建后的朱家角安庄刘王寺

重建之后的石人庙

金泽庙秋季香汛（李杨摄）

金泽庙秋季香汛时的香火（李杨摄）

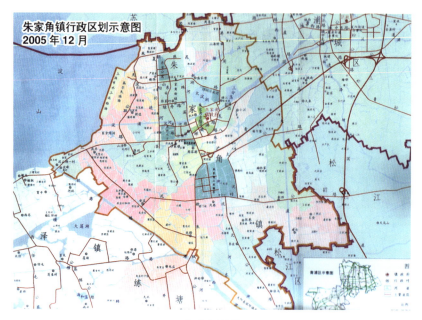

朱家角地图

目前所见记录摇快船活动的书籍（青浦区非物质文化遗产保护分中心提供）

丛书主编：王　伟

本书主编：郑土有　杨　城

《青浦摇快船》编写组

项目组织单位：青浦区文化馆，复旦大学书院教育实践基地（青浦）。

郑　土　有：项目负责人，负责项目组织实施和书稿统稿。

吴越晴红：参与调查，负责初稿绪论第二节、第三节，第五章以及全书的最后修改。

吴　梦　倩：项目调查负责人。

高　雯　韬：调查组成员，负责初稿第六章、第二章第三节撰写。

孙　　　杰：调查组成员，负责初稿第七章撰写。

王　沁　雨：调查组成员，负责初稿第一章、第二章第二节撰写。

李　燕　青：调查组成员，负责初稿第三章撰写。

许　佳　莹：调查组成员，负责初稿绪论第一节、第二章第一节撰写。

孙　　　童：调查组成员，负责初稿第四章撰写。

杨　　　城：负责项目的协调、调查安排工作，全程参加调查。

叶　建　生：负责部分调查人员的落实和部分地区的调查工作。

目 录

序

摇快船，是旧时青浦县环淀山湖地区较为普遍的民俗活动，尤其是在河道宽广的朱家角区域尤为著名。其分布地区涉及现今上海西部的青浦、嘉定等区，浙江北部嘉兴、湖州等县市，江苏省南部的吴江区等地。由于其具有水网地带明显的地方特色，多地列入了省、区县级非物质文化遗产保护项目，上海朱家角的摇快船，在2006年就列入了上海市非物质文化遗产代表作名录。

关于摇快船的起源，有多种说法，如"抗敌说"，为了抵抗外族入侵，操练水兵和驾船技术；"抢头香说"，参加庙会活动时，为了抢得烧头香的机会，而加快舟船的行进速度；"娱乐说"，减轻舟船在水域航行时的寂寞，给日常生活增添乐趣等等。我想这些民间流传的说法都有一定的道理，尤其是在某些特定地区的确有可能是这样兴起的。但如果仔细推究其最终原因，可能是与该区域特定的地理环境有极为密切的关系：由于水网密布，无论是生活还是生产活动都离不开舟船，旧时户户有船是常态，所以驾驶舟船的技术是生活在该区域内每个人都必须掌握的技能；而每个人都有"着急"的时候，如生活中家人患急病、处理紧急事务，生产中"农忙""双抢"等，这些都需要"划快船"。因此我猜想摇快船最初是为了训练人们的驾船技术，以适应划快船的需要，是在生活生产过程中自然而然形成的。它产生的时代应该很早，只不过比较有规则的划快船比赛是比较晚起的。

1949 年后，随着填河造田、填荡造田，大量河荡在环淀山湖周边消失，因此原本依靠舟船才能出行的村落在交通方面得到了很大的改善；而随着公路、铁路的发达，水路、舟楫的地位与作用逐渐衰微，户户有船的情况不复存在，许多年轻人不能熟练掌握驾船技术。旧时摇快船民俗活动主要在庙会期间举行，由于"破四旧"、批判封建迷信等，许多民间庙宇被拆，庙会活动停止。因此，在多种合力的作用下，摇快船这种民俗活动逐渐退出了历史舞台。好在 20 世纪末联合国教科文组织出于保护文化多样性的需要发起了非物质文化遗产保护工作，我国政府积极响应，在 21 世纪初开始掀起了一场声势浩大的保护非物质文化遗产运动，才使得人们重新认识到了摇快船民俗活动的独特性和历史价值。但毋庸置疑摇快船的民俗土壤的确已经基本失去，因此保护工作异常艰难。

经过复旦大学任重书院与青浦区文化馆的友好协商，复旦大学书院教育实践基地于 2018 年 7 月 5 日在青浦区文化馆成立。基地设立的目的一是让当代大学生能够了解社会、培养学生各方面的能力，二是配合青浦区文化馆做好非物质文化遗产项目的调查和保护工作。7 月 6—11 日，我带领 8 位研究生和本科生对青浦地区的摇快船民俗进行较为细致的调查，对一些尚健在的、参与过摇快船活动的老人进行了采访了解。之后又到浙江北部的嘉兴、江苏南部的吴江等地进行了调查。基本上搞清楚了环淀山湖地区当年摇快船民俗活动的盛况。

本次调研活动得到了青浦区文化馆、青浦区非遗保护分中心、朱家角文体中心、金泽文体中心、练塘文体中心的大力支持，相关人员千方百计安排采访对象，叶建生、鲍益良、朱惠宝、倪明生等都给予了不少帮助；尤其是参与过摇快船的老人们冒着酷暑赶往采访地，在采访过程中知无不言、详细地给我们回忆当年的一些情况。在此一并表示感谢！

　　摇快船活动广泛分布于淀山湖周边地区，我们的调研时间又极为有限，因此有些合适的采访对象可能尚未找到；由于摇快船活动衰微已经多年，当年参加过摇快船的人员大多已经八九十岁，许多已经过世，因此寻找采访对象殊为不易；虽然参加调研的人员已经尽了最大的努力，但获取的资料还是很不完整、挂一漏万，容今后进一步修改。在此也祈请方家批评指正！

郑土有

2019.7.29

青浦的历史与人文

一、青浦的地理历史

青浦地区是上海迄今为止所发现的人类最早的聚居地，距今 6000 多年前已出现新石器时代村落，历代文献中亦有大量记载。其县境属地经几千年变化，直到明代，"青浦"之名才得以确定。

今天的青浦区位于东经 120°53′ ~ 121°17′，北纬 30°59′ ~ 31°16′ 之间，属北亚热带季风气候区，是典型的海洋性气候。境内地势平坦，河流纵横，属长江三角洲古太湖流域的湖沼平原。地处上海市西郊，太湖下游，黄浦江上游。东与闵行区毗邻，南与松江区、金山区及浙江嘉善县接壤，西连江苏省的吴江、昆山两市，北与嘉定区相接，总面积 675.54 平方公里，辖朱家角镇、赵巷镇、徐泾镇、华新镇、重固镇、白鹤镇、练塘镇、金泽镇 8 个镇和夏阳、盈浦、香花桥 3 个街道办事处。现有耕地面积 29078.3 公顷，适宜种植稻、麦、蔬菜和水生作物等，尤以大米品种"青角薄稻"、菜种"角里油菜"远近闻名。青浦区的朱家角镇是青西地区最主要的一个商业中心，也是"摇快船"民俗的中心之一。1990 年旧朱家角镇与朱家角乡合并成现今的朱家角镇辖区。

青浦区处于长江三角洲的太湖平原东侧，政区所辖地域状如彩蝶。

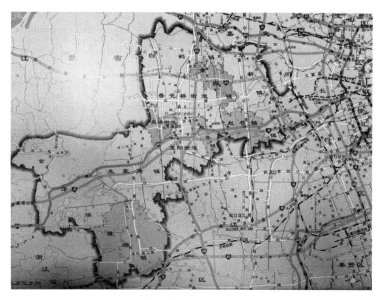

今日青浦区行政图

（上海市测绘院编：《上海市行政区划与地名图集》，中华地图学社 2009 年版，第 220 页）

全县水域面积分布广阔，主要的河流有朱泖河、淀浦河、大盈河、通波塘 ①。青浦西部的湖泊水泊连接成淀山湖。正是因为淀山湖是由各地的湖泊连接而成，通过淀山湖上的内陆交通运输，在历史上沪、浙、苏三地的物产文化能够相互传播交汇。环淀山湖地区的青西、苏南、浙北三地的文化模式、风土人情因此也具有高度的相似性。

青浦地区的生产生活方式打上了深深的吴越文化烙印，青浦地区的民俗均呈现出江南水乡特有的风情。由于水利条件带来的生存便利，青浦地区历史悠久，历代记载也较完备，其历史地理文化与地域名称关系颇深。从地名、规格、政区归属三个方面考量，我们可以看到，今青浦区所辖的区域在明清时代的迅速发展。

---

① 上海市青浦县民舞集成编辑组编：《中国民族民间舞蹈集成（上海市青浦县分卷）》，1988 年，第 4—5 页。

（一）上古时期

据《尔雅·释地》中记载："两河间曰冀州，河南曰豫州，河西曰雍州，汉南曰荆州，江南曰扬州，济河间曰兖州，济东曰徐州，燕曰幽州，齐曰营州。"从现有文献记载来看，青浦地区最早划归为古"扬州"地区，大致属江南地区。这一地区的物质生产、自然生态环境以及社会文化风气都具有相似之处。据《禹贡》中记载："淮海惟扬州。彭蠡既猪，阳鸟攸居。三江既入，震泽底定。筱簜既敷，厥草惟夭，

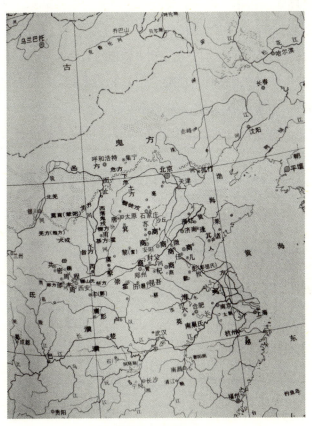

商代的"古扬州"

（谭其骧主编：《中国历史地图集：原始社会·商·西周·春秋·战国时期》，中国地图出版社 1982 年版，第 11—12 页）

厥木惟乔。厥土惟涂泥。厥田唯下下，厥赋下上，上错。厥贡惟金三品，瑶、琨筱、簜、齿、革、羽、毛惟木。岛夷卉服。厥篚织贝，厥包橘柚，锡贡。沿于江、海，达于淮、泗。"

"古扬州"的地域划分过于广泛，这一州之内，边缘与中心地之间差别甚大。到了春秋战国时期，随着统治者在南方地区的推进，人们对南方各地的认识也逐渐加深，南方诸地的规格建制有了进一步的细化。

《史记·吴太伯世家》中记载："……于是太伯、仲雍二人乃奔荆蛮，文身断发，示不可用……太伯之饹荆蛮，自号句吴。荆蛮义之，从而归之千余家，立为吴太伯……"

同时伴随着战争与人口迁徙，南方诸地的名称也在不断地变化。

《史记·吴太伯世家》中记载："二十年，越王句践复伐吴。二十一年，遂围吴。二十三年十一月丁卯，越败吴。"

《史记·越王勾践世家》中记载："楚威王兴兵而伐之，大败越，

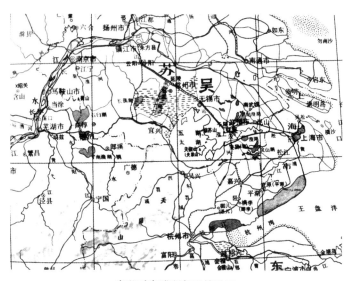

春秋时青浦所归属的政区

（谭其骧主编：《中国历史地图集：原始社会·商·西周·春秋·战国时期》，中国地图出版社 1982 年版，第 25—26 页）

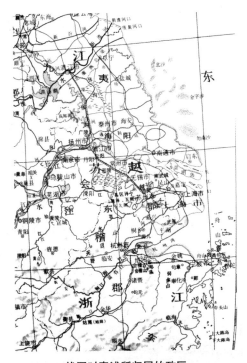

战国时青浦所归属的政区

（谭其骧主编：《中国历史地图集：原始社会·商·西周·春秋·战国时期》，
中国地图出版社 1982 年版，第 45—46 页）

杀王无彊，尽取故吴地至浙江，北破齐于徐州。而越以此散，诸族子
争立，或为王，或为君，滨于江南海上，服朝于楚。"

《史记·楚世家》中所记："三十六年，顷襄王病，太子亡归。秋，
顷襄王卒，太子熊元代立，是为考烈王。考烈王以左徒为令尹，封以
吴，号春申君。"

从西周吴太伯（约公元前 12 世纪）到战国吴王夫差，后越兼并吴
（公元前 473 年），楚又灭越（公元前 355 年），遂属"楚"，后来成为春
申君封地（公元前 248 年）。青浦地区在当时的政区所属上归于后来众
所周知的"吴越之地"，文化上也以吴越文化为主流而非以楚文化为主。

到了秦朝，秦始皇将天下划分为层级政区——即郡县制，青浦地区遂归属会稽郡。

《史记·秦始皇本纪》："……二十五年，大兴兵，……王翦遂定荆江南地；降越君，置会稽郡。"

《汉书·地理志上》："……会稽郡，县二十六，由拳其一……"

青浦地区属会稽郡二十六县（由拳县）之一。建安二十四年（219年），吴国孙权建造青龙战舰于县境东北之青龙镇。梁代天监六年（507年），吴郡分置信义郡，娄县改置信义县，青浦地区属信义郡信义县。南梁时，大同元年（535年）析信义县置昆山县，青浦地区属昆山县。

在唐代以前，从地方政区的建制上我们可以看到，青浦地区归属

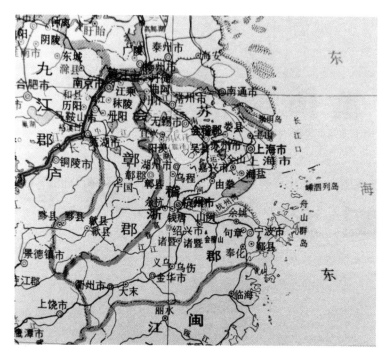

秦朝的会稽郡

（谭其骧主编：《中国历史地图集：秦·西汉·东汉时期》，中国地图出版社1982年版，第11—12页）

的地方政区越来越精细。虽然在春秋战国时期短时间内划归于楚，但是大部分时期还是归属于广义上的江南范围之内，在文化上还是以吴越文化为主。但是在唐代以前，青浦县的规划还是模糊的，政区建制还没有深入到市镇。

（二）中古时期

唐代天宝二年（743年）建青龙寺，在三年之后的天宝五年（746年），统治者设青龙镇，即旧青浦镇。青龙镇的设立意味着统治不断深入地方，青浦地区遂得到发展，开始作为一个市镇进入历史叙事。从此之后，我们对青浦的认识能够越来越细化，体现在地图上，我们可以看到淀山湖的样貌越来越清晰。

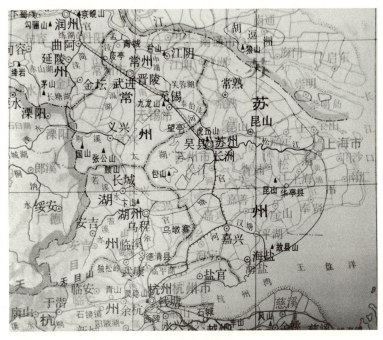

唐时青龙镇辖区

（谭其骧主编：《中国历史地图集：隋·唐·五代十国时期》，中国地图出版社1982年版，第54页）

（三）近古时期

从青浦的建制来看，我们可以看到青浦在历史上与现在江苏省南部与浙江省北部有着不可分割的关系。苏南、浙北、青西地区虽然所辖政区在历史上各有不同，但是生产生活方式有着极大的相似之处。

在明清时期，青浦地区，尤其是以朱家角镇为中心的几个商业市镇急剧发展，成为这一带的中心。万历年间的《青浦县志》记载了朱家角镇的商业的繁荣："商贾辏聚，贸易花布，今为巨镇。"① 清代的《青浦县志·序》中有按语写道："松江源出太湖，自昆山流入县北，东迳（经）

明代青浦县辖区

（谭其骧主编：《中国历史地图集：元·明时期》，中国地图出版社1982年版，第47—48页）

----

① 万历二十五年刊《青浦县志》卷一《沿革》。

民国时期的青浦县

（周振鹤：《上海历史地图集》，中华地图学社 2009 年版，第 38 页）

上海与黄浦江，合又东入吴淞口，西则澱（淀）山湖在治西三十里，南则三泖九峰环峙焉，负海枕江，平畴沃野，古称泽国，得水利居多。宋时盐场、酒务一时称盛。"① 其中我们可以看到青浦县作为商业市镇的形象。

青浦县的政区规划与建制在明清时多番改动。嘉靖二十一年（1542 年），析华亭县西北修竹、华亭二乡，上海县西新江、北亭、海隅三乡，置青浦县，县治青龙镇（今旧青浦镇），三十二年废县。万历元年（1573 年）复置县。康熙六年（1667 年），青浦县属松江府。雍正二年（1724 年），析县境北亭、新江二乡，置福泉县。乾隆八年

---

① 光绪五年刊《青浦县志·序》。

（1743 年）裁福泉，仍归青浦管理。① 在不断析县废县的过程中，构成现今青浦区前身的村落集群逐渐形成。

从青浦区的规格建制与政区归属我们可以看到，今青浦区所辖之地，在明清之际以商业市镇的形象崛起并延续至今。

二、青浦的民俗文化

青浦区的唐代建筑有精巧的青龙塔、泖塔，明代有造型独特的放生桥，清代有上海五大古园林之一的曲水园等，这些都是青浦县内著名的物质文化遗产。这些物质民俗文化历经千年，向我们展示着青浦曾经历经的沧桑时光与青浦从弱到强发展的光辉岁月。

青浦在拥有丰富而精致的物质民俗的同时，还拥有大量精彩生动的非物质民俗文化。这些非物质民俗文化形态包括诸如土布纺织、阿婆茶等传统风味与特产加工、造屋习俗、桥梁与造桥习俗、农耕习俗与手工业、养殖业、渔业、园林业、造船业等传统工艺、传统庙会、街铺和农村集市，包括诞生、婚礼、寿诞、丧葬等的人生礼仪、信仰民俗、传统岁时与节日、传统体育项目与儿童游戏，包括青浦黑陶、民间剪纸、刺绣工艺、民间雕塑等内容的民间工艺，以及包括民间音乐、舞蹈、曲艺、戏剧等内容的民间艺术与包括田歌、山歌、民间故事传说等内容的民间文学。②

青浦区目前申报的非遗项目有大大小小几十种，大多都是青浦地区特有的传统民俗，生长于兹、发展于兹。其中，田山歌入选国家级名录项目，小刀会传说、船拳、摇快船、宣卷、土布染织技艺、烙画、

---

① 上海市青浦县志编纂委员会编：《青浦县志》，上海人民出版社 1990 年版，第 2 页。
② 王宏刚、袁鹰主编：《民俗上海·青浦卷·前言》，上海文化出版社 2007 年版，第 3 页。

江南丝竹、涵大隆酱园酱菜制作技艺、竿山何氏中医文化、阿婆茶等入选市级名录项目，练塘糕团习俗、金泽状元糕制作技艺、赵家豆腐干制作技艺、青浦水印版画、斩蛇疳、匍经、潘其华中医骨伤疗法、牛角锐舞、拜香舞等入选区级名录项目。

总之，青浦区的民俗文化和非遗项目深受水网地理环境和水乡气候条件影响。一是由田间稻作劳动产生诸如"田山歌""阿婆茶"等民俗传统；二是由江南特有的"水文化"产生"摇快船""船拳"等民俗传统。

三、环淀山湖地区的"摇快船"习俗

民俗文化中所包含的文化要素孕育于俗民们所处的自然环境与人文环境。"各个区域独特的地理环境是生活于区域内的各民族民俗传统文化产生的基础，给民众提供了稳定的生存空间，提供了创造文化的资源和创造物质财富的基础。"①各地迥异的生态环境孕育出不同的社会文化及与之相适应的社会结构。可以说，地理环境与自然条件是各个俗民群体文化习俗形成的先决条件。一定的空间内以其特殊的地理环境催生出相应的生计模式，而这种特定的生计模式则形成特定的社会组织与民俗文化。因此，特定的民俗文化往往与一地特殊的水文条件、气候环境或地理位置相伴相生，成为特定的生态环境和人文景观。

"摇快船"活动就是苏南、浙北、青西一片"环淀山湖地区"特有的民俗景观。这种"摇快船"的娱乐形式最北至江苏昆山一带，最南至浙江嘉湖地区，以环淀山湖一带最为集中兴盛。"环淀山湖地区"即

---

① 邢莉：《民俗学概论新编》，北京师范大学出版社 2016 年版，第 85 页。

20世纪50年代朱家角摇快船（青浦区档案馆提供）

是围绕着淀山湖的沿岸村庄集镇，这些地区因为相同的生产生活方式与信仰崇拜产生了相似相同的风俗习惯。本书关注的，正是生发于环淀山湖一带的"摇快船"活动。目前青浦区、吴江市、昆山市等地都将"摇快船"活动列入"非物质文化遗产"的名录。虽然在传统农耕时代，村村都有快船，但是"摇快船"活动的中心地区还是往往集中在各沿岸集镇，通过初步的走访，我们可以大致描绘出"摇快船"活动主要的分布点：位于淀山湖北部的昆山县，淀山湖东岸的朱家角镇，东南部的西岑镇，南岸的金泽镇与芦墟镇，西岸的周庄镇、陈墓镇与商榻镇。

这些村庄集镇所流行的"摇快船"形式大致为将平时的农用船只改装为漂亮的比赛用船，在庙会当日与其他自然村的船只进行速度竞技比赛。但是我们发现，如果要具体分析其中的谱系与历史发展却非常困难。摇快船这项民间娱乐活动在环淀山湖地区广泛分布，究其根本，其形式都是来自这一地区生产生活中对舟船的需要，以及对速度的追求。摇快船这项活动脱胎于环淀山湖地区人们在日常生活中的划快船这一出行方式。因此，作为民俗活动的摇快船在当地语境中具有两层含义，一是指为了竞技比赛而摇专门打造的"快船"，一是指为了特定的目的，或是娱乐神祇，或是争取头香等等，而"快速"地摇船。

摇快船活动兼具两种意义，既有专门的"快船"比赛，也有广义上"快速摇船"的娱乐形式。这两种快船形式通过环淀山湖地区的几个大型的庙会活动相互联系在一起，构成环淀山湖地区独具一格的快船文化。

　　摇快船民俗活动在浙江、江苏、上海三地都有流行的踪迹，是三地百姓喜闻乐见的娱乐方式，尤其是在环淀山湖地区。"摇快船"活动从何时开始兴起？又是从何时开始流行？在哪些地方流行？这些区域之间的"摇快船"又有哪些不同？这些问题随着摇快船活动的式微，答案也开始模糊。但是我们仍然能够根据各地现有的资料和老人们的口述，略微掌握摇快船活动在历史上的盛况。本章将通过时间延续和空间区域分布两方面，较为全面介绍环淀山湖地区摇快船的大致形制特点与历史发展情况。环淀山湖地区的"摇快船"活动虽然细节方面有些不同，但溯本求源，都是同宗同源。本章将结合环淀山湖地区各地现有的文献资料和口述资料，希望读者能够通过这些内容，对摇快船民俗的起源、盛况与传统样貌有大致的了解。

第一节　摇快船的历史发展

　　摇快船从一项毫无定势、纯粹作为生产生活中一项自发的娱乐项目，到具有一定流程规矩与群众基础的民间习俗，至今已有三百多年历史，是淀山湖地区的老百姓在农闲时节（以农历七月廿七的朱家角为最盛）前往位于朱家角镇三官堂庙朝拜焚香所进行的一项集体活动。在三观庙会期间，朱家角附近的四邻八乡摇着自己村的快船，集会于朱家角赶庙会。

根据文献记载，在清初顺治年间在青浦地域便已经有摇快船的踪迹了，"定七月廿七为神诞节，泖南乡民均信焚香，先两天经朱家角，停泊舟楫相衔迤逦里许，待香市散，回朱里有彩船数十，金鼓沸腾，拨桨如飞"。到后来每年举行一次，摇快船成了民间的风俗。根据文献记载和亲历者的回忆，摇快船所用的船体都"搭起花棚，披红挂彩；前棚悬挂彩灯、插彩旗，中棚坐锣鼓手，后棚为摇橹手遮阳"。"每艘船有彩衣七八套，都上绣花下流苏，有鹤立鸡群、八仙过海，有绣狮、猴、娃等，装饰华丽。船上备大橹、矮橹置于船体左右，大橹旁搁跳板于舷外，伸出水面，掌橹扯绷共 10 人，均为身强力壮青年，穿紧身衫衣，

大橹与矮橹（由青浦非遗保护分中心提供）

快船中舱中的鼓（由青浦非遗保护分中心提供）

快船中的太锣、大锣、铙钹（由青浦非遗保护分中心提供）

脚蹬绣花鞋。"摇快船的行船竞技路径通常是水上干道，大部分与今天青西地区的公路干道重合（因1958年后大面积填埋湖荡、改建公路）。我们可以按照老人们在1949年前后所回忆的摇快船的路程图对竞技路线进行想象，比赛从三汾荡至天主堂千米左右的水上进行。快船在锣鼓喧天、镲钹齐飞的热闹中，"似飞箭出弦备勇争先，船上锣鼓响彻云霄，岸上人山人海，呐喊助威，精彩纷呈，场面壮观，无不赞声不绝"[①]。

如今，摇快船这一特色的民俗活动已经被列入上海市非物质文化遗产的保护名列之中，需要各方面投入更多的精力拯救这一濒危项目。这也就要求我们对摇快船的前世今生有整体性的把握，了解摇快船因何而来，如何发展、壮大直到式微，又是何时重新被发掘出来？只有这样，才能从项目的发展经过入手，更好地论证如何在全新的时代能够科学可连续地使摇快船焕发出新的生命力。

（一）文献记载中的摇快船

明清之际的摇快船，作为当地民俗并不多见于文献记载之中，在大多数地方官吏眼中，这项民俗活动仅仅作为当地农户上香拜神过程中派生的嬉闹活动，是聊以打发时间的游戏。所以关于摇快船的记述只偶见于当地的文献中，或是当地的文人墨客的《竹枝词》中，而且记录大多集中在晚清民国年间。

但在《上海县竹枝词》此类记叙沪上风情的词章没有见到摇快船的身影，最多也就是描写记叙了龙舟一类的节庆事物。仅仅在松江、青浦的县志中发现了摇快船的蛛丝马迹。

在清代光绪《松江府续志》以及同治《上海县志》中都不约而同地记载了传统快船形制上的特点，属于内港船的范畴。并且大致记录了农业生产时期行船的区域和路线：

---

① 资料来源：上海市青浦区朱家角镇人民政府网站民俗部分"摇快船"介绍。

　　内港船如圈棚、躺板、快船之类，船小，行内港风浪无虞且
不必待潮，随时可以开行，北由周泾入吴松江，南由肇嘉浜入蒲
汇塘……①

　　尽管在地方史志中对香汛、船形制，即举行快船的主要场合以及
快船的主要生活功能有所记载，但其实并没有涉及快船本身的完整记
录，也没有点明快船作为青浦地区的一项具有特色民俗活动的发展历
程。所幸民国时期《青浦县续志》编撰时将这一民俗考虑其中，当然
这也侧面体现了摇快船这一民俗活动于民国时期在当地发展的盛况：

　　泥河滩三官堂在淀滨昆山县境。七月二十七日神诞，泖南一
带乡民岁往烧香。先二日道经我邑小西门外停泊，舟楫相衔迤逦
里许。待香市散，回经珠街阁，有彩船数十艘，金鼓阗沸、拔桨
如飞，名曰：摇快船。有少年在船头演弄刀棒者谓之打拳船，东
坡诗"猛士操舟张水嬉"所咏或亦类是。②

　　可见在民国二十三年也就是 1934 年的时候，"摇快船"民俗活动
的举办与开展在民间已然非常兴盛，成为当地百姓生活中一个重要的
话题。更重要的是，这段文字透露出了若干信息：在这个时候，七月
廿七的时间已经被确定了下来，而且应该是早已为定例。"摇快船"活
动作为庙会上的重头戏，起源或许正在于此。乡民为了烧香，在路程
中相互竞速争渡，又引入当地的锣鼓镲钹烘托气氛，逐步形成了"摇
快船"这一特俗的当地民俗。

---

① 　清光绪九年《松江府续志》卷六。
② 　民国二十三年《青浦县续志》卷二十四。

　　与青浦接壤的嘉兴记载较早，明末崇祯年间的《嘉兴县志》中就有了摇快船活动的记载：

　　　　时王店市河及荐泾有摇快船之戏。是日，蚕妇浴种，至桑叶齐放采以养蚕，三眠作茧缫丝为绵……①

　　这也反映了在明末摇快船已经出现在嘉兴水域之上。光绪五年的《嘉兴县志》中也有相关记载，但摇快船的起因与之前不同：

　　　　时王店市河及荐泾有摇快船之戏，是日奉城隍神诣厉坛，七月十五日、十月朔日亦如之。②

　　这段文学直接点明了光绪五年嘉兴县内摇快船的时节是清明、七月十五和十月十五，起源于城隍信仰的"三巡会"。同时，这些文献从另一个方面展示了历史上的摇快船是由信仰祭祀（祭蚕神、城隍出巡）活动延伸而来的民俗活动。

　　嘉兴与青浦同属吴语文化区，摇快船活动同根同源。同时，这一区域河网密布，大河荡相连。凭借湖荡的便利条件与庙会赶市的必然需要，摇快船活动活跃于当地。传统形态的嘉兴摇快船与环淀山湖地区的摇快船从形态上及功能上都因为参加人员的相同而相差无几。嘉兴地区的"快船"记载与上海地方志中有相似相通之处，同时也在很多方面对上海地方志中没有记载之处做了细节的补充。

　　关于快船的起源，嘉兴地区的文人们认为"快船"的形制与船手的训练都与抗清有着密不可分的联系。《庄一拂诗词曲文遗稿·和竹垞

————————

① 　明代崇祯十年《嘉兴县志》卷之十五。
② 　清光绪五年《嘉兴府志》卷三十四。

老人鸳鸯湖棹歌百首》中有一首："舢板南明习水师，打头不怕雨如丝。老残历尽风波险，却念扁舟弄水儿。"其后跋曰：

> 清兵南图，太湖各地举义师，藉端阳划龙船以练水师。后来每届恶月，禾地三塔湾旺盛呈水嬉，村儿相率踏舢板赛于龙祠。俗称踏白。踏白者，乃五军之一军遗名也。

从快船起源传说中可以窥见浙北青西苏南一带广泛的"抗清"的历史记忆。流传至今，快船的战争起因已经淡化至无，除了青浦地区还保留船拳师傅的表演之外，无论是快船形制、快船的装饰还是快船手的动作程式都已难寻"抗清"的元素。

褪去"抗清"元素的快船，以庙会活动的形式融入平常百姓的生活中。在《申报》光绪二十三年四月九日刊登的《秀水文波》一文中就描写了当地人民前往庙会观看快船的热闹景象：

> 是日，东门外南湖中有迎赛水会，大家小户咸呼姨挈妹买舟往观，烟雨楼前颌首如云……古人所绘清明上河图未必有此妍。既然经××（原此空缺两字）东栅口，次第登舟，双桨如飞捷于燕剪……。①

"双桨如飞捷于燕剪"是摇快船运动的最主要特征。在《申报》中记载的正是嘉兴地区的百姓们对摇快船活动的热爱程度，每当快船活动，全家男女老少都会前往观看，或是在临水的窗前张望观看，一时之间，摩肩接踵，人头攒动。文中提到的"迎赛水会"是嘉兴摇快船

---

① 嘉兴市档案局：《〈申报〉嘉兴史料集萃——1872—1949嘉兴城市记忆·老报纸》，中共党史出版社2008年版，第46页。

举行的主要庙会场合。水会的流行地也是摇快船或踏白船的流行地区。在吴藕汀先生的《落花残片》中我们可以看到清明时节快船在南湖和三塔水会中的身影：

> 水上竞渡称为"踏白"，三塔，南湖均有之；水会来自高桥……经过南湖。每逢子、午、卯、酉之岁清明日举行。

另有清代《古禾杂识》中提到："水会则推平湖、嘉善。"① 其后有王寿案语：

> 嘉善四月四之（水）会，前明（朝）已然……近王店仿之。至水会则枫泾龙舟最妙。而新塍镇于水面装成圆囿，泉石亭台，人物花草，莫名其妙，允可首推……②

以上几则笔记都对嘉兴摇快船民俗盛况做了记载，即便是过了几十年甚至上百年，我们依然能够通过这些文字看到当年清明时节摇快船的盛景。家家户户、男女老少在蚕花水会之日祈求今年蚕丝丰收，并且在快船经过之处临窗观赏。

从流传至今的这些清代笔记与晚清《申报》记述可见，嘉兴地区的摇快船或踏白船民俗与青浦一带所流行的摇快船同源。两地的快船活动都与庙会有着不可分割的紧密联系。在青浦地区，快船活动主要的举行场合是七月间的三官庙会，而在嘉兴地区主要是四月间的蚕花水会。

无论是嘉兴还是环淀山湖地区，在 1949 年以后的一段时期，快船

---

①② （清）项映薇、于源著，范笑我点校：《古禾杂识　灯窗琐话》（卷一），文物出版社 2016 年版，第 8 页。

活动渐渐走向衰微。青浦一带的摇快船活动一度因为与"庙会"这一"陈规旧俗"有关联而销声匿迹，一直到 20 世纪 80 年代才重新被整理抢救出来，作为当地一项重要的民俗活动 / 传统运动得到传承和保护。根据 1996 年上海地方志办公室所编《上海体育志》记载，从 20 世纪 80 年代开始，环淀山湖各地区开始依据传统旧例恢复摇快船民俗活动：

> 建国前，青浦摇快船的汛期有南旺四家港农历七月十二、石神庙七月十五、朱家角七月廿七和金泽的九月重阳节汛。其中以朱家角的七月廿七汛最盛，来自周围的四五十艘快船云集漕港河上大显身手。……抗战前，连年举行，抗战期间及抗战胜利后，也曾举办数次。建国后，仍有小型、自发的摇快船活动。1984 年，青浦在元宵节及县第二届农运会时都有摇快船表演。①

除了上海青浦地区，环淀山湖各地在 21 世纪都开始恢复"摇快船"民俗活动以及相应的庙会活动。直到今日，经过政府抢救性保护工作的展开，摇快船这一项目作为上海市非物质文化遗产得到了多方面的关注，但是摇快船活动仍然处于濒危边缘，一是快船船体的打造工艺和船篷装饰的制作工艺已几近失传；二是表演机会少且向商业空壳化演变，缺乏文化的实际基础；三是人员老龄化严重，人员组成不稳定且收入微薄。

（二）口述中的摇快船

在环淀山湖地区的走访中，我们从当地老人们的口述中了解了文献记载以外，存在于他们生活之中的鲜活的摇快船记忆。时隔四十多

---

① 上海体育志编纂委员会编：《上海体育志》，上海社会科学院出版社 1996 年版，第 82 页。

年，许多当过快船橹手的老人们提到摇快船三个字，回忆起自己当年的飒爽英姿，以及当年江上百舸争流、岸上庙会活动热闹非凡的盛大场面，都会说一句："摇快船好看得很。"可见当年摇快船活动的兴旺，以及摇快船活动在当时人们心中的重大意义。

由于摇快船活动断档多年，除了县志上的寥寥几笔，也没有相应文献记载，我们无法追寻到很久远的历史。况且以船为载体的竞技活动，在江南水乡地区并不只有摇快船一项。因此我们将以快船特定式样作为摇快船口述史现在能够追溯的线索。90岁的王剑秋老先生告诉我们，在青西地区，摇快船最厉害的当属河祝村，船王蔡金标（1876年生）第一个撑起了特定竞技用的摇快船。从每年农历七月初一开始，九月十九止，各地的庙宇轮流做老爷神诞，各村都会向船主租借快船，河祝村不但快船摇得好，也逐渐形成了快船租赁的市场。

对于劳动人民来说，无论农民、渔民，七月到九月这一时节都是一年之中的闲散季节，环淀山湖沿岸各地的庙会也正逢这一时节错峰开展。由于"摇快船"活动所需要的快船船体是向船主租借得来，环淀山湖地区摇快船的时节又都集中在七月农闲季节，各镇市庙会快船比赛的时间也都尽量错开，不然就会出现几家争船的混乱场面，因此形成了有序的比赛时间。到了约定俗成的时间，各集镇村庄便摇船前来，履行着这项传统习俗。当年做过快船的橹手、现已八十多岁高龄的杜协钧老先生告诉我们，朱家角商榻摇快船定在七月廿七进行的原因是庙会时间的传统所规定的：

> 那么这一天总归是一个重要的日子。就像金泽（在）九月重阳和三月廿八这两天一样，当然七月廿七呢也是老爷的生日。①

---

① 2018年7月6日，杜协均口述。

　　但对于大多数劳动人民来说，他们只是遵循着祖祖辈辈流传下来的规定，对于庙会的规定或不甚了解，或因时间间隔而记忆模糊了：

　　　定这一天呢，肯定也有老爷生日的意思在里面。当然为什么老爷生日是这一天，我自己也不是很清楚了。①

　　总之，强大的传统力量，使得环淀山湖地区各个集镇的村民遵循着他们古老的习俗，在七月到九月期间开庙会、逛集市，镇子周围以及其他乡镇的村民都会以村为单位摇着自己的船来采买一年的生产生活所需品。

　　关于摇快船中的惊险刺激，杜协均老先生至今还是回味无穷：

　　　青浦有三只快船，当年是最有名的：小蒸的黄家浜、练塘的朱家庄，还有安庄村、车路村并起来的和平。解放前，大家都到朱家角放生桥来比赛。金泽的快船皮薄，走水快。快船请来请去，在几个地方比赛，多的时候有三四十只。②

　　　我们要到金泽东王庙前面的塘里面去比赛，然后大家就比赛谁摇得久，谁摇得快。然后这些快船呢，到最后都要停到东王庙前，依次并排。有些猛的快船，他停过来就不会管有没有空位，往里面一挤，然后把自己的船和别人的船的边缘搞得磕磕碰碰的。③

　　可见快船竞技在当时的兴盛程度。一次集镇庙会能够吸引 20—40

---

① 2018 年 7 月 6 日，杜协均口述。
② 2017 年 10 月 11 日，杜协均口述。
③ 2018 年 7 月 6 日，杜协均口述。

只快船前来参与竞技比赛。在竞技场中，各个村庄按照快船水平取得应有地位与荣誉。正如杜老先生所回忆的那样，有些村庄快船水平高超，快船比赛时，别的村落不敢与其争抢优势位置。

因为"摇快船"活动是庙会上的一项重头戏，它的主要目的是在庙会活动中争取赐福机会与争夺集体荣誉，所以当庙会在青西地区逐渐消失，"摇快船"活动也逐渐失去了组织筹备的理由。杜协钧老先生向我们解释了他所认为的"摇快船"活动式微的理由："因为说要消灭'四旧'，这些东西都没有了，我们也就不去了。"

而针对"摇快船"历史发展的来由，前莳高级社前卫生院院长叶允仁老先生则是给出了他自己的解释："快船是历史上遗留下来的，主要围绕石人庙，一年一次，七月十五就来摇了，摇之前到商榻镇上去喝茶，然后再摇快船，要到六七点之后，去北面庙里去呆着，石人庙是有历史纪念的，就要去烧烧香。"

通过对朱家角、商榻、金泽等地多位老先生的采访，我们发现朱家角周边对于快船来由的说法有所不同，众说纷纭，但是万变不离其宗，即"摇快船"是一种纪念神明、为庆贺其神诞的一种祭祀方式。主要的传说集中在两位神祇身上。一说是三官老爷。当地人民认为"摇快船"是为了纪念当地一位放粮官，即当时被尊为神明的三官老爷。每逢他的诞辰七月廿七就要前去上香。在划船的路途上，当地村民为了打发路上的无聊，为了增加趣味性开始加入竞速的元素，渐渐演变为村落之间的对抗。另一说是认为"摇快船"是为了纪念武将英灵，为安抚将士英灵保地方太平而去石人庙里面拜祭抗清烈士石人老爷，他的生日也正是七月半左右，人们在这个时候划船去上香，并模仿将士当年奋勇杀敌的"快船"形式，然后去金泽等地比赛。这种模仿最终演变成为现如今我们所熟知的摇快船活动。

如今的石人庙（郑土有摄于 2018 年 7 月）

由于摇快船活动所依托的是庙会活动，摇快船比赛对参与者力量的要求也非常高，因此在 1958 年前后，环淀山湖地区的摇快船活动几乎都消失殆尽。一方面是因为"破四旧"，将各家庙宇拆除，庙会活动因为被贴上"封建迷信"的标签；另一方面也是因为之后 1959—1961 年的三年自然灾害导致大家吃不饱饭，没有力气参与摇快船活动。

环淀山湖各地的老人们向我们讲述关于摇快船最后出现在生活中的记忆，大多都集中在 1958 年、1959 年这一段时间，最迟至 1962年。环淀山湖各地最后一次摇快船，或是为了庆祝人民公社的成立，或是为了庆祝中华人民共和国成立十周年。环淀山湖地区的村民们用自己的传统方式庆祝这些能够影响他们一生的大事件。这也是传统的摇快船活动留在人们记忆中的最后一面，目睹的人依然怀念它的盛大场面。现在芦墟文化馆工作的杨敬伟先生回忆了他小时候看到的摇快船情形[①]：

> 那一年，我才八岁，我家就在临街，看到摇快船，那真的是好看得不得了。

记忆已经模糊，但是在杨先生记忆中，"热闹""好看"的印象还是留在他的脑海中。80多岁的诸阿泉老先生为我们描述了他最后一次参与"摇快船活动"的盛状：

> 1958年那次我记得最清楚，这次摇快船比赛，我们陈东薛间村的快船是从河祝村租来的，共有8只快船比赛。其中还有渔笏村、祥坞、东星、许七、南横江等8只花快船（荡湖船）也参与表演，很闹猛。毛竹快比赛出发地，集中在石人庙东，整备就绪，一声锣响，一齐并发，摇到急水江大桥那里约一千米左右，先摇到就是头船，感到荣耀，有面子形象好。

总之，根据老人们的口述，"摇快船"这一民俗运动大体上确实发迹于明清交替之时，至于其起源到底是为了纪念放粮官事迹还是安抚烈士英灵，已无从考证。但无论是"三官老爷"还是"石人老爷"，对他们的崇拜都包含着广大劳动人民在当时对安泰生活的向往。摇快船民俗以劳动人民对保佑家园平安的心理需求与美好愿望为情感基础。在这之后，摇快船在当地不断发展，吸收各种文化元素，直到民国时期，摇快船活动的各项样式、人员配置、比赛时间地点等等都已经确定下来，在20世纪30年代一直到40年代末摇快船进入了历史的鼎盛

---

① 2019年1月16日，杨敬伟口述。

发展期。20 世纪 60 年代后，随着青西地区的开发和"破除迷信"，庙宇被拆除，大量湖荡水圩被填埋修建公路，摇快船逐渐消失在了大家的视野之中。一直到 20 世纪 80 年代，政府开始整理拯救一批当地的民风民俗如阿婆茶等等，摇快船这才重新被挖掘和保护。

二、摇快船简史

摇快船民俗传统，自明清以降已经有三百年的发展历史，可谓是历史悠久，意义深刻。梳理摇快船的历史，实际上就是一部青浦当地社会发展的缩影。

朱家角的摇快船习俗事实上是属于整个淀山湖水系周边快船体系中浓墨重彩的一环。淀山湖的摇快船民俗可以追溯到南宋：当地人记述抗金女将梁红玉曾在湖中操练水兵击败敌兵，后来人们就在梁红玉击退敌兵的这一天自发地学习操练水兵的样子，快速地摇起木船来向先人致敬。这一源头后来渐渐在历史长河中模糊淡去，但淀山湖周边却把摇快船的习俗保留了下来，并挂靠附会到年代更近的英雄或者是当地地方神祇上。

明末时期，青浦地区的摇快船已经初成气候，可能是发源于对当地地方神祇三官老爷或者石神的祭拜。前往祭拜的路程中，农夫们为了打发旅途的无聊开始有意无意地进行竞速，开始慢慢成为各村庄之间约定的民俗活动。

在清朝，当地百姓发挥自己的勤劳和聪明才智，逐渐将普通的农船改良成专门为了摇快船或者是紧急、大批运送货物的专门快船。不但如此，这些快船在不同村落被分为不同的功能船，有的是用来单纯竞速的"毛竹快"，有的是靠顶棚好看撑起一整个场面的"花快"，此外还有用来迎亲的"亲船"等等。

到康熙年间，摇快船活动基本的建制已经基本形成，只是慢慢加入了一些锣鼓钹，烘托一下气氛。正是在这段时间之中，大家的服装包括锣鼓队的人员设置也慢慢确定下来。在三百多年里，摇快船作为一项当地农闲时或者重要节庆用以消遣娱乐的民俗体育运动常年都有人进行组织，即使在抗战时期都未曾断绝。

1949 年后的一段时间，摇快船作为"除四旧"打击对象之一逐渐销声匿迹，一来人们不敢进行摇快船的民俗活动，二来人们也不再去上香，摇快船失去了发展的基石和土壤。淀山湖地区各村镇只有两次集中进行过传统形式的摇快船，分别是 1959 年庆祝中华人民共和国成立十周年和 1962 年人民公社成立。

一直到 20 世纪 80 年代政府组织对一批民风民俗挖掘整理，其中就包括朱家角周边地区的摇快船。在这之后，保护恢复工作逐渐走上了正轨，如 1984 年全县灯会上恢复摇快船表演，1988 年青浦县组织摇快船比赛，每逢端午节、体育节、旅游节必有摇快船的表演和比赛①。2007 年，摇快船项目成功申遗，进入上海市非物质文化遗产保护名录，获得了更多的关注和支持。但尽管如此，我们也必须看到，由于传承的断裂和客观环境的变更，摇快船项目的保护和发展在今天仍然是举步维艰，随时都面临着后继无人的风险。

今时今日，我们拯救摇快船的努力并不是心血来潮，这一项目的意义对于当地来说可谓意义深刻，不管是摇快船本身的船体构造、人员设置抑或是社会时代的因素都早已随着摇快船的发展不断的变化，但是摇快船本身所具有的基本功能始终没有改变，甚至被时代赋予新的意义。

摇快船民俗是青浦当地悠久文化的一个具象化的集中体现，是当地的文化名片。摇快船是青浦文化发展至今的缩影，是繁华的朱家角和优秀的制造业的集中体现，它见证了青浦朱家角地区的发展与变化，

① 刘畅：《朱家角摇快船在城镇化进程中的保护与传承》，《体育科研》2015 年第 2 期，第 93—97 页。

是青浦精神的一个符号表达；摇快船本身的价值也有可能对当地人与旅客产生着不一般的作用。对于旅客来说，摇快船作为一项独特的民俗文化活动，吸引着他们前来观看，如果将摇快船的品牌打响或是以其他的方式提高摇快船的影响力，这将对当地旅游业起到非常大的提升作用；而对于当地人来说，摇快船则可以作为一种"他者的生活"使人暂时忘记身处于城市之中，当然也会成为凝聚乡情，在高度现代化的城市中借摇快船的契机感受团体的力量，这也并不失为一个好的发展选择。

既然发展与保护"摇快船"民俗活动百利而无一害，那我们就更应该通过各种实践和有关研究将摇快船重新带回人们的视野之中，而不是成为一个商业化的符号空壳。

第二节　摇快船的区域分布

我们在前文业已提到，青浦朱家角周边的"摇快船"民俗并不是当地所独有的，只是以朱家角摇快船盛况为最。朱家角摇快船隶属于整个淀山湖水系"摇快船"的民俗体系，共有相同的一个起源，而随着时间的推移，各个镇落又选择了当地的信仰体系对摇快船进行了意义的重新确认，这就形成了形态各异、内涵不同、多姿多彩的淀山湖摇快船体系。

一、青西地区摇快船分布

青浦西部地区毗邻淀山湖，水系发达，河道众多，1949 年前都是以农田水稻种植为主，是典型的江南水乡小农经济，拥有适宜摇快船发展的环境。青浦西边地区的摇快船分布可谓是异彩纷呈，除了七月廿七的朱家角庙会摇快船之外，还有金泽庙会汛期的摇快船、商榻地区的集会摇快船等等，其中商榻、金泽、朱家角分处于淀山湖的西边、南边和东边，紧邻湖体，水系丰沛、河道交错。总而言之，青西地区几乎沿河或近湖主要村镇在中华人民共和国成立前都有摇快船的身影，其中尤以朱家角和金泽两地的摇快船更为突出。本书所述的"摇快船"民俗活动就是以青西地区的形态为出发点，在本节不重复赘述。

二、苏南地区摇快船分布

青浦地区的摇快船依托庙会活动进行，庙会期间，淀山湖北面的苏南地区的乡民会摇船前来参加比赛。同样地，苏南地区庙会期间，青浦民众也会摇船前去，苏南地区与青浦地区的"摇快船"形式几乎相同。

（一）芦墟快船

江苏省苏州市芦墟摇快船也颇有样貌。芦墟摇快船，流行于芦墟镇城司、白巨斗、苏家港、北芦墟、来秀桥、东玲、甘溪、尖田、北赵田等20多个村，芦墟摇快船就是环绕上述庄家圩猛将会、城司"三庙"庙会和其他村的庙会及芦墟镇的迎神赛会等而举行的系列传统竞技赛船活动。2008年，芦墟摇快船由苏州市人民政府公布为非物质文化遗产项目。

芦墟快船的形制有两种，一种是春节期间的初五庙会用船，一种是七月里专门的快船。虽然两者都称为"摇快船"且都有竞技比赛的成分，但是春节庙会期间所用船只更多是为了能够抢烧到头香，并不是专门性的速度比赛，各家的船只前前后后速度所差无几。这种船大多由富农家中的农船改装而来，被称为"朱红船"。因为是正月初五春节里庙会烧香所用的船只，装饰大多比较精美。而七月里专门速度竞技的"快船"要从河祝村租赁，大多是"毛竹快"，虽然也有棚子装饰，但没有朱红船这般精美。

在庙会期间，芦墟快船除了竞技比赛用到，在其他观赏娱乐场合也能用到。芦墟快船称为"花飑船"，特色在于接渡与拆渡。清乾隆年间就有对芦墟分湖上的摇快船的诗句流传。乾嘉时期的诗人郭频珈有诗曰："窑港西漾锣鼓闹，纷纷注目碧波中。"其诗后自注曰："谓摇快船也。"诗中提到的窑港是猛将会中的拆渡盛举，西潭子漾城司三庙庙会摇快船的集散地。可以看到，芦墟地区的摇快船的出现与猛将会等庙会有关系。吴江分湖北岸芦墟镇草里村的庄家圩供奉的就是刘猛将。每年大年初四到初六举行猛将会与摇快船活动。届时，要把刘王老爷用轿子抬出，途经西湾、高树、窑港、北栅港进入芦墟镇，俗称"刘王老爷出会"。

芦墟一年一度的农历七月初摇快船，以芦墟城司村为首，联合白巨兜、羊沙坑、苏家港、五娘子港、白荡湾、北找田、尖田等村，举行三庙庙会。摇快船活动共举行三天，快船于初五从草里村经窑港、北栅港两渡口摇入芦墟镇，初六到莘塔。由于窑港与北栅港两个渡口都有二十多米宽，成千人的出会队伍需用十几支快船"接渡"。"接渡"指的是将船排成一个长龙队，老爷的神轿与拜香的队伍以船为桥向前行进。由于接起来的船长度不够渡口宽度，由最后一船赶至最前面，队伍以此前进。至最后一船将刘王老爷神轿送到对岸，再把队伍渡到北栅港。到达北栅港之后，队伍上岸。之后，快船解缆动橹，在分湖中举行声势浩大的摇快船竞技。

庙会最后一天将刘王老爷接回，因此"接渡"之后还需要"拆渡"。芦墟有句古话："看庄家圩猛将会，看不到拆渡就等于没有看庄家圩猛将会。"由此可见猛将会在芦墟地区的盛况。

芦墟所用的快船是元荡、淀山湖一带专业彩装木制快船。每条船长三丈六尺，宽约八尺。分为甲板、前头棚、中舱棚、后梢棚、尾后桥。梢棚内设大橹小橹各一支，蒿子两根，两船舷各安装出跳（长约二尺，宽约三寸）二块，全船共四块出跳板。每条船参赛者约有二十二人，候补六人，舱内约八个敲锣打鼓的少年。

每逢闰年，猛将会上还有观赏灯船的活动，正所谓"家家户户扎灯、邻里互约拼船"。白家浜的灯船最为好看。每年正月初五，每家每户都会精心扎制颜色艳丽，姿态各异的彩灯，装饰在船上。船头和船尾分别装饰大的"龙灯"与"狮灯"，船的中舱放上一个大的牵谷用的木砻，木砻上树起一面大的彩布大伞。伞上装饰了被做成各种仙兽瑞禽的彩灯，以及画着历史人物的轻纱彩灯。赏灯开始，装饰彩灯的数十条船只首尾衔接，船手们配合着鼓乐丝竹声划动船桨。在中舱待命的船手则转动木砻，木砻牵动彩灯伞转动，伞上的图案与彩灯一起随着木砻的转动。祥兽栩栩如生、戏文人物千姿百态，两相重叠，被称为"吴中一绝"。

（二）昆山快船

在昆山的周庄、锦溪、大市等地农村，每逢节汛、庆丰收和婚嫁迎娶的良辰吉日，人们便将船只装饰成快船、灯船，参加欢庆仪式，代代相传，沿袭至今。

昆山摇快船始于清初。史载，民间流行的摇快船是为了纪念抗清义士陆兆鱼。他十三岁"游成"——学业有成就，中秀才，成为一个洒脱而又胸怀大志的青年，且富有正义感，敢于见义勇为。崇祯末年，社会动荡不安。陆兆鱼凭借秀才的身份，负责经办团练义勇，变卖家产结交志同道合的义士，在澄湖、明镜荡中操练习武，保卫家乡，维护地方治安秩序。清兵南下，陆兆鱼弃舍家庭赴汤蹈火，投入抗清斗争。《江苏地方志》中记载：

　　清顺治二年（1645）六月，江南各地风起云涌，纷纷起兵抗清，先后有苏州、昆山、嘉兴、松江、嘉定、金山等地民众互相响应。陆兆鱼率领义军千帆竞发，百舸争流，摇着快船越过澄湖，穿过独墅湖，直达苏州城郊澹台湖，配合城内义军以迅雷不及掩耳之势，一举攻占南门，直捣巡抚衙门。兵不敌，巡抚土国宝闻风丧胆潜逃异地，义军纵火焚烧抚衙，乘胜追击。数日后，陆兆鱼率师凯旋返乡时，突遭清军伏击，陆兆鱼只身得脱，隐居为僧。后清朝官吏对他"檄令相见"，他毅然拒绝。陆兆鱼去世后，锦溪、周庄一带的乡亲为纪念他，在每年农历三月廿八日、七月十五日举行庙会时，在水上举行摇快船比赛，四乡邻近的村庄争着参赛。经过数百年的沿袭，摇快船逐渐成为群众乐见的大型娱乐活动。村民自备船只、服装、道具、锣鼓，自己解囊，自娱自乐，既具有浓郁的水乡风情，又能显示村风和村民的凝聚力量。①

旧时的昆山民间流传着两句"无快船不成村"和"有快船有人气"的俗语，可见昆山摇快船活动与人们生产的联系之密切。昆山快船大多由农业木船改造而来，船体大、形状狭长，中舱内可放置四张八仙方桌，船头和船艄高高翘起。每逢节汛外出参加活动或婚嫁迎娶前夕，船主会请村中手巧艺高的工匠将农船改装成花快船，在船上搭起花棚，棚上披挂绸缎幛幔，装饰华丽，各呈纷彩。多数村庄都有快船一二条。目前所知，周庄祝家浜（今复兴村）、锦溪干家甸都拥有正规供比赛用的快船六条，大市李泾村有供比赛用的快船三条。每逢节汛、庙会、社戏或是村民婚嫁迎娶时，这些村庄就会召集橹手，将快船摇出去以展示本村的威风。

每逢举行摇快船的前几天，村中当事人和船主共同商量装置快船。正规的快船在船头中央安装一支形似橹的长桨，在快船行进时，由有经验的掌船人作为手，把握住快船的方向。农船改装的快船的舵都是

①　刘翼：《昆山水乡摇快船与划灯船》，《江苏地方志》2009年第4期，第52—54页。

安装在船艄后面，船头上站立一名身强力壮的村民手持竹篙，配合舵手把握快船的方向。

举行摇快船之日，参加摇快船的村民紧束腰带，脚蹬草鞋从四面八方汇集而来，根据自己的特长选定位置。首先在四块板上站立四名气宇轩昂的壮汉"出跳"，再配四名橹手把持住大橹、中橹和小橹，另外众多的橹手分别排列在船艄橹绷处等待扯绷。

周庄在农历三月廿八日或七月十五日举办摇快船比赛，场面最为盛大热烈。举办之日，四里八方的乡民都前来祈福朝拜，顺便在庙会集市上采买生活用品等等。来自周庄附近四乡八邻农村按照约定俗成的规矩来到周庄，将数十条装饰一新的花快船停在镇南的南湖或镇北的急水江上。随着鞭炮声响，比赛开始，一条条快船如离弦的利箭，在江面上急行。在响彻云霄的锣鼓与丝竹声中，橹手们配合默契，喊着口号，橹桨一上一下，在江面上激起一道道白色的浪花。岸上观者，或为自己的村庄或为优胜的快船呐喊助威。比赛优胜者在一阵疾风暴雨式的锣鼓声中，由船头上的篙手紧急下篙，表示停橹，此时全船橹手发出震天的呼声，岸上的乡民拍手称快，场面蔚然壮观，热闹非凡。

在锦溪，根据《金波玉浪锦溪镇》记载，每年三月廿八是东岳庙庙会的会期。当晚由庙会主持方组织数十条快船，张灯结彩，鼓乐齐鸣，在镇区市河里进行"摇快船"比赛。

大市从前举行摇快船活动频繁。根据《大市镇志》载，农村中富裕人家逢婚嫁喜庆，或村上祈求风调雨顺、驱魔降福，或庆贺五谷丰登、人畜兴旺时，就会组织村中青壮年进行"摇快船"比赛。此外，每年农历正月十五土谷神会，三月初三猛将会，五月十三关帝会，七月二十七老庙会，八月十五开光节，届时各村快船在境内进行竞赛，尤以尚明甸在三月廿八庙会上的摇快船比赛场面最为壮观，在200多米长的市河里，规定快船来回20个回合，既要摇得快，又要把握好方向，还要紧急调头，高潮迭起时不断赢得观者高声欢呼喝彩。

南港镇南邻近澄湖的星金和新龙等村。除在每年八月初一"双庙水会"组织摇快船外，还将摇快船比赛固定在农闲时节，不但组织男性青壮年参赛，有的村还组织青壮年妇女身穿水乡服饰参加比赛。快船比赛结束后，举行"摇快船"比赛地的村民会摆上宴席，邀请亲朋好友以及来参赛的船工橹友吃酒，增进邻乡之间的感情。

三、浙北地区摇快船分布

地处浙北地区的嘉兴也流行"摇快船"活动。嘉兴"踏白船"是浙江省省级非物质文化保护遗产项目。在嘉兴地区，"摇快船"又被称为"踏白船"，主要分布在南湖、平湖、海宁、海盐、桐乡、西塘等地，几乎覆盖了整个嘉兴地区。嘉兴"踏白船"与苏南青西地区的"摇快船"形式相似，都是在地方庙会、村庄庆典及个人喜事中，以农船为主进行的比赛、表演活动，具有独特的区域文化特色。目前嘉兴市对"踏白船"保护较好的地区有南湖区、秀洲区以及平湖、桐乡四地。

据顾希佳先生《东南蚕桑文化》第一章中考证，"踏白"原为唐宋骑兵番号名称，与南宋抗金名将岳飞有关。宗泽赞赏岳飞的才能与勇敢，任命其为"踏白使"，令其率兵抗击进犯汜水关的金兵。岳飞用计大败金兵。三塔边的岳王祠供奉岳飞，赛船者以岳飞无畏气概参加竞渡，故称摇船比赛为"踏白船"。[1] 和环淀山湖地区的"快船传说"相类似，"抗击"的历史记忆随着摇快船活动传承至今。此外，在《庄一拂诗词曲文遗稿》的跋序中也记载"踏白"名称的来历，大致也与"抗击"的历史记忆相似。

---

[1]　顾希佳：《东南蚕桑文化》，中国民间文艺出版社 1991 年版，第一章。

嘉兴水网密布，京杭大运河环嘉兴城而过，拥有得天独厚的地理环境，西南河段，有唐代三塔、茶禅寺及岳王祠、血印寺等，嘉兴人俗称之为三塔塘。蚕桑养殖的特定生产生活环境下形成的民俗活动。三塔踏白船，为祭蚕神而举行，传说农历三月十六日为蚕神生日。在传统农业社会，养蚕是一件非常费神的事情。蚕丝是嘉兴地区古时的主要产业，蚕丝质量高产量大，因此蚕的护养也是嘉兴农民一年之中的大事件。相传早年有一季，嘉兴南湖一带遇天大旱，桑叶枯萎，春蚕无以为饲，农家心急如焚。此间，有一女子背井离乡，在湖州见桑盛蚕好，她连夜急步回家，唤乡民飞舟买叶救蚕。春蚕得救了，而那女子因劳累过度不幸身亡。后人遂尊之为蚕花娘娘，即蚕神。每年农历三月十六日，嘉兴的蚕农们为了祭拜蚕花娘娘，都赶到三塔塘参与"踏白船"活动。[①]一方面是为了祈佑自家的蚕丝能够丰收，另一方面也通过传说这位蚕花娘娘无私奉献的精神，潜移默化中告诉蚕农们在农桑季节相互帮助，只有邻里互帮互助，才能够渡过三月养蚕护蚕季。因此在传统农业时期，每年的三塔塘庙会期间，都会由官府发令，三塔塘"踏白船"赛区禁航，专门开辟空闲航段保证"踏白船"活动的举行。

"踏白船"所用的船只都是平日里用于劳动生产的，与当地养蚕缫丝产业有紧密的关系，是在"摇船买桑叶，救蚕如救火"的紧迫中发展起来的。嘉兴农船，船体稍长，船底弧状，涉水阻力甚小，但急摇时左右晃动十分厉害，乡民称之为"活"。农船的"活"，这反而成了踏白船快速、惊险的特性。

嘉善一带与环淀山湖地区的水文条件相似，水田村落之间分布有大河大荡。每逢大型庙会会期间，则伴随有"摇快船"或"踏白船"活动。"踏白船"的船与"摇快船"略有不同。"踏白"所用船只，全身长

---

① 资料来源：嘉兴市人民政府、省级非遗名录.踏白船［发布日期：2014-01-13］.

三尺六丈，中间宽，约有五尺。船上配有五六支桨、两支橹。右橹为大橹，左橹为外橹。两支橹除把橹者外各有拉绷、出跳1人。船上的6支桨全在右舷（中舱3支、头舱2支、船头1支）。船头上的人不划桨，坐在一袋砻糠上，当船全速前进时，他配合船头起伏，一上一下快速起坐，臀部撞击坐垫发出"踏白踏白"的声音。在头舱右侧，有一人左手握住木桩，右手挥舞着大关刀，随着船身前进的速度，此人便靠大关刀指挥船前行的方向，手握木桩称为"当桩"。当船遇到拐弯或掉头时，指挥者"当桩"便用力，猛地在船板上一跺脚，即为拐弯信号。

　　嘉兴南湖的"踏白船"有"旱踏白"、"水踏白"与"女踏白"之分。比快称为"旱踏白"，比险称为"水踏白"，女子参赛称为"女踏白"。"旱踏白"也称为"塘南踏白"，以南湖乡为主。到"摇快船"比赛日，全乡21个村20多条快船几乎都参加到"踏白船"的活动中来。"水踏白"也称为"塘北踏白"，以嘉北乡为主，载重量不超过400公斤，船型以中型为主，橹后设有桨，橹前即船头木板上铺有装满空谷壳的砻糠包。它与"旱踏白"的差别就是船体两侧不设"出跳"。"女踏白"旧时全部由女子船员组成的船队进行比赛。现在嘉兴英姿飒爽的女船员，更是快船队里一道亮丽的风景线。

嘉兴地区的摇快船——踏白船：船前加设船桨手，船尾有两个橹手

（图片来源于网络）

平湖地区"摇快船"又称为"摇艄船""摇少船"等。海盐地区也因为快船的出跳板又称为"出跳船"。在西塘地区也被称为"摇燥船"，"燥"在当地方言中即"快"的意思。海宁地区的"踏白船"集中在海宁正月十五"黄荡庙会"上。每到正月十五，海宁各艘家族村落都会派出自己的船只，穿着统一的服装，代表集体前去黄荡庙祈福。海宁"踏白船"与嘉兴其他地区不一样的地方在于增加了表演的部分。各艘船只在争先的同时，会有拳师在船头表演，如倒立、翻筋斗等，动作惊险，引得沿岸的观看者喝彩连连。当船到达黄荡庙后，各船开始表演正式的惊险的杂技动作。最先到达黄荡庙的船只将会由庙中主持赐福，预示着得到赐福的那个村庄或氏族在来年就会风调雨顺、平安如意。他们将得到的平安符带回村庄，并供奉在祠堂中。可见"摇快船"也有为了信仰。只可惜现在已经找不到黄荡庙的踪迹，无法重现当时的盛景。

除了嘉兴地区，浙江湖州南浔区也流行摇快船活动。湖州的摇快船活动在三月清明节祭祀蚕花娘娘的蚕花会上进行竞技比赛。位于浙江北部的嘉湖地区是我国蚕业缫丝产业最发达的地区之一。在传统的农业社会，蚕桑养殖与缫丝产业是当地农民主要的经济来源。嘉湖地区河网交织，湖荡纵横，大多需要靠掌船从水路运输桑叶。清明节后，蚕农们竞相赶赴含山祭拜蚕神、"轧蚕花"。"轧蚕花"最热闹的情景就是抬着蚕花娘娘像"逛山"。除了簪带蚕花的姑娘之外，在三月清明蚕花庙会上的重头戏便是快船竞渡。嘉湖地区的快船与环淀山湖地区的快船相似，由农船改装而成，两边有摇橹，再加上锣鼓丝竹班。另有快船专门表演节目，有作蚕妇装饰，也有作田夫装饰，也有武术表演。可以说，嘉湖地区的快船活动是以祭拜蚕花娘娘的蚕神庙会为中心的民俗活动。在传统的农业社会，当地的摇快船基本都是以庙会活动为中心、兼有娱神娱人功能的娱乐活动。

旧时，环淀山湖区域的摇快船活动非常普遍，村村都有快船，几乎

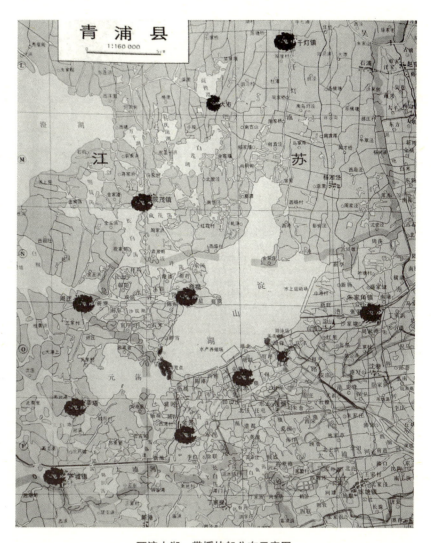

环淀山湖一带摇快船分布示意图

（由吴越晴红绘制。底图来源：《上海市地图集》，上海市地图编纂委员会编，
1984年版，第77页）

每个青壮年都会摇快船。虽然地区间对摇快船的称呼略有不同，但是船
体型制、活动形式几乎都是一样的。第一，快船与当地的生产生活有紧
密的联系，无论是青浦地区"米市"还是嘉兴地区"蚕桑缫丝"产业，

都需要当地人民使用船只在水路上快速前行。这是由环淀山湖地区的特殊地势地貌、水文环境造就的。第二，快船构造以中型的农用船只为主，按各地习俗分为装饰船只与竞技船只，或是两者合一。在摇船过程中最有特色的技艺为"出跳板"。船上必须有摇橹手、扯绷手、大桨小桨手、指挥。环淀山湖地区虽然依托湖荡交通道路相互通联，但是船只主要还是作为农业用船而非渔业用船。"摇快船"也是农民们的活动而非渔民的活动。第三，快船代表了本地村庄或氏族，人员组织与经费一般都是由各自然村落中的氏族、社庙组织筹备，摇快船为了显示本村的力量。第四，快船是地区酬神庙会必不可少的一部分。地区庙会汇聚了四邻八乡各个村庄，为摇快船比赛提供了竞技的机会与场地。第五，在传说起源上，环淀山湖地区的摇快船活动大多与军事用途相关。体现了青西、苏南、浙北地区人民爱国团结勇于反抗的精神。

通过上文，我们对摇快船民俗活动有了一个初步的印象，它是一种来自生活的民俗娱乐方式。"摇快船"活动作为一种民俗活动或民俗表演形式，贴近当地人民的生活生产方式，与生活无法分隔。快船从字面意思来看，意为"快快地划船"，这在水网密布的浙江、江苏、上海三地都有其发展的基础。广大的劳动人民在生产过程中需要划船，多人在水道划船时自然会催生"比一比"的快船娱乐形式，以消遣解闷；或是在信仰节日中为了争得头香，争夺第一个赐福的机会，自然就会发生行船"竞技"形式。但无论如何，"快快地划船"是广大劳动人民为了表达一种喜悦轻松的心情而进行的自发娱乐形式，尤以遍布大湖荡的浙北、苏南、青西地区为盛。也正因为"划快船"与"摇快船"二者的分界不明晰，专门的摇快船民俗活动的历史发展渊源模糊不清，也没有明晰的流传谱系，我们所能梳理的摇快船活动是通过大湖荡网络联系的，遍布浙苏沪三地的民俗景观。

　　广义上的快船活动起源与传播路径不可考，但是作为一种被当地民众广泛接受并喜闻乐见的民间舞蹈、体育竞技项目的摇快船活动，我们还是能从口述资料与文献资料中找出一些线索。作为庙会上专门的比赛竞技项目，摇快船从清朝中期开始兴盛，一直持续到解放初期。"摇快船"民俗活动与环淀山湖地区相似的生产条件与水文地理条件分不开，密布的水网以及对发达的农业生产与商业发展催生了当地特有的庙会系统以及"快船"作为当地一种重要娱乐方式的转变。

附：青浦县民间舞蹈与宗教活动、风俗习惯的关系 [1]

时　间	活　动	内　容
正月初一至初五	年头风俗活动	踩高跷、跳加官、打莲湘、舞龙、舞狮、筷子舞
正月半	闹元宵	窜马灯、跑马、滚灯、蚌舞、荡湖船
三月初三	郏店庙会	拜香舞、蚌舞、高跷、扎香、挑私盐、荡湖船等
三月半至三月十七	白鹤、旧青浦青龙寺庙会	同上
三月十八	重固庙会	同上
三月廿五	商榻庙会	同上
三月廿八	金泽庙会、蟠龙猛将庙会	同上
四月初七至初九	蟠龙庙会	同上
五月初五	商榻、安庄纪念屈原端午节	赛龙船、毛竹快
六月廿四	重固猛将庙会	拜香舞、蚌舞、高跷、扎香、挑私盐、荡湖船等
七月半	商榻庙会	同上

---

[1]　上海市青浦县民舞集成编辑组编：《中国民族民间舞蹈集成（上海市青浦县分卷）》，1988年，第144页。

时 间	活 动	内 容
七月十七 至十八	金泽庙会	摇快船赛、姨婆船
七月十八 至十九	西岑庙会	同上
七月廿七	朱家角庙会水神生日	摇快船
八月十八 至二十	重固庙会 关王庙看潮头庙会	拜香舞、蚌舞、高跷、 扎香、挑私盐、荡湖船等
九月廿九	老和尚过江、祭水神	调龙灯
十月初一	青浦城隍出巡庙会	拜香舞、蚌舞、高跷、 扎香、挑私盐、荡湖船等

第二章

摇快船产生的背景

　　"民间艺术不只是舞台的显现，而且是人文精神的凸显。"[①]上一章提到，"摇快船"民俗活动在淀山湖地区兴盛的物质基础，在于相似相同的地理条件与生产条件。环淀山湖地区"摇快船"活动有各地区的发展源流，也与相邻村镇相互借鉴发展。这其中不但有物质原因，更重要的是历史原因与宗教活动的催生。宗教活动在环淀山湖地区的"摇快船"民俗活动发展中起着重要的作用，不但直接催生"摇快船"这一形式的发生，也为环淀山湖各地相互联动提供了途径。本章主要介绍"摇快船"民俗活动产生的背景，通过地理环境与生产生活背景、宗教背景两方面解释"摇快船"活动能够在环淀山湖地区兴起、发展的深层原因。

第一节　水网密布与舟楫文化

　　青西地区最突出的部分是淀山湖一带湖沼河荡集中的地区，这一地带海拔比较低，被称为"淀泖低地"[②]。

---

① 邢莉：《民俗学概论新编》，北京师范大学出版社 2016 年版，第 189 页。
② ［日］森正夫著，丁韵等译：《江南三角洲市镇研究》，江苏人民出版社 2018 年版，第 32 页。

（一）水网的构成

江南地区地势低平，为冲积平原，天然河道及湖泊众多，年降水
量丰富，达 1000—1500 毫米，河、湖、沟、渠水量的供应有足够的保
证。上海青浦地区与浙北苏南一带，东面临海，北有长江，南有钱塘
江，中间有太湖，水源更是丰富。另外，历代劳动人民长期在这里围
圩垦田，因此河道沟渠越来越多。中华人民共和国成立后，广大民众
遵照毛主席关于"水利是农业的命脉"的教导，大兴水利事业。1958
年以来，人民公社对原有河道又作了合理改造，增开了许多排管沟渠，
使原来密布的河网更加整齐、合理、稠密。自然条件和人为改造，最
终促成了江南地区水网密布的盛大景象。

青浦地区生活文化主要依托的湖泊河流是淀山湖。淀山湖是上
海市最大的天然淡水湖泊，位于朱家角西面。湖呈葫芦形，水域面
积 62 平方公里，水源来自太湖下泄之地表径流等，由漕港河（淀浦
河）连通往东汇入黄浦江①。在朱家角地区，摇快船主要在漕港河上进
行。漕港河及淀浦河，是朱家角镇最重要的黄金水道。上海市内主要
由黄浦江和苏州河（吴淞江）两条主要河流贯穿，黄浦江将上海分为
浦东和浦西两个部分，浦西的这一侧就是由漕港河衔接淀山湖与黄浦
江。②经过漕港河向东流经上海；向西通淀山湖，经商榻镇能到达周庄；
向西南进入淀山湖经金泽镇能够到达吴江，进而到达浙江湖州嘉兴
一带。

因漕港河连通太湖流域与黄浦江的优越水文位置，朱家角地区自
明朝时期就是一个重要的漕运河道，与松江府、嘉兴府、湖州府都有
水路相通。山东、河南、江苏、浙江、安徽、湖南、湖北等省征收的

---

① 朱家角镇地方志编纂委员会编：《朱家角镇志》，上海辞书出版社 1990 年版，
第 52 页。
② 瞿洁莹：《上海市朱家角古镇历史建筑初探》，同济大学，2007 年，第 17 页。

朱家角拦河港（郑土有摄于 2019 年 7 月）

石人庙前面宽广的河道（郑土有摄于 2018 年 7 月）

大米、豆类，首先汇聚在昆山、嘉兴、松江一带，然后通往淀山湖，尔后经过南北大运河运往京师①。位于漕港河的朱家角镇自然也就成为了重要的商品集散地与人口聚集地。

朱家角镇的放生桥是朱家角镇内唯一一座横跨漕港河的桥，也是上海最大的五孔石拱桥，全长72米。它是明代隆庆五年（1571年）由慈门寺僧性潮化缘集资十五年而建。漕港河水运繁忙，船只来往频繁，放生桥的建成连接了昆山与朱家角。经历风霜的放生桥现在仍然是朱家角镇的象征。

（二）船只种类

清·沈葆桢《青浦县志·序》："民之利在田，田之力在水。自来泽国多腴田，然堤防潴泄稍不如法，旱苦干，水苦涝，膏沃无所用之。青浦厥土肥美……"②青浦为水乡泽国，交通出行，离不开船、桥。俗话说："开门就见河，出门靠摇船。""村村有河、河河有桥"。考古发现，6000年前"青浦人"以捕鱼种稻为生。水上交通工具，从最原始的竹排、木排、皮筏发展到用木桨划行的舟船。

劳动生产与船息息相关。与稻作生产相关的船有农具船、肥料船、稻船、米船等等。农民将剩余的米粮和稻草用船运往市场去卖，称粜稻船。③与渔猎相关的船有网船、鹰船等。渔民站在网船上向河中撒网捕鱼。渔民撑了鹰船在河中放鹰捉鱼。渔民摇船将鲜鱼运往集市去卖，这卖渔船也称网船。还有一种船是运鲜鱼到上海等较远的地方出售的专用船，船舱装水养鱼，船前有进水孔，船舱两侧有出水孔，保持舱内水流

---

① 谢杲馥：《"市"说新语——清末民初朱家角镇的地方社会结构》，上海大学，2012年，第49页。

② 光绪五年刊《青浦县志》，台北成文出版社1970年版，第1页。

③ 王宏刚、袁鹰主编：《民俗上海·青浦卷》，上海文化出版社2007年版，第36页。

畅、鱼鲜活。①

交通出行也与船只关联紧密。青浦人出行多以船交通，载客的木质船有航船、划船、班船。航船一般定点定线，风雨无阻，客货两用，稍大的船，可踞坐二三十人，顶上用竹篷遮盖，以挡风雨，航船停靠有专门码头，沿途各站设有简易的客埠。除了日航，也有夜航，夜航船通常在黄昏时开出，第二天凌晨到达终点。航行顺风时，竖桅张帆，顺风前进。航行逆水时，船工上岸拉纤渐行。青浦至朱家角的漕港河南侧沿河岸，形成了一条纤道，纤道逢汊河，便架起了小桥，这条通畅的纤道就是专供拉纤用的。清光绪年间，青浦航船有往上海、苏州、嘉兴、昆山等多条航线。划船，俗称"小划船""渔船"，船工用双手划桨，行驶轻快。也有用脚划，称"脚划船"。划船分无篷有篷两种。有篷多为营业性的客船，一般往返于乡镇之间。无篷多为农家赶集、访亲备用船。②青浦农民到集镇、县城去赶集称上街，所乘坐的小船也叫"上街船"。娶新娘时，男家摇船敲锣打鼓到女家搬运嫁妆，民间称之为"讨娘子船"。班船，大多是接小轮船，火车短途转送的客船，有每日来往一次的，也有隔日来往的。③

（三）船运历史

青浦船运历史悠久。早在唐代，在青浦白鹤东北一带建青龙镇，当时，此地扼吴淞江下游沪渎之口，为江海要冲，一面向江淮和浙江深广的内地辐射，又紧连着东海而与福建等地通商往来，成为上海历史上最早的一个内外贸易港口。那时，苏州、嘉兴等地的内外贸易货

① 王宏刚、袁鹰主编：《民俗上海·青浦卷》，上海文化出版社2007年版，第36页。

② 王宏刚、袁鹰主编：《民俗上海·青浦卷》，上海文化出版社2007年版，第37页。

③ 王宏刚、袁鹰主编：《民俗上海·青浦卷》，上海文化出版社2007年版，第38页。

物在此集散，极其繁盛。"龙舟极海内之盛，佛阁为天下之雄"，朝廷在此设立了管理市舶的职能机构。自宋以后，青龙港淤塞，海岸延伸，以致航行困难，船舶无法在此停靠，港口迁移，由后来的上海港取代。①

朱家角镇地处水乡泽国，西临淀山湖，十里漕港穿越而过，成为苏嘉沪地区主要的粮食集散地之一。明清时，朱家角镇米业突起，开设了几十家米店，沿港滩均有河埠码头。秋熟季节，每天会有上百条船停泊在漕港河上。旧时人们交通往来以舟楫为主，最早出现的水运船只叫做航船，为载货搭客的民间运输工具。清朝同治年间开始，朱家角已出现水上运输航船，它是载货兼搭客的民间运输工具。航船的载重量不一，有可载重十吨的扯篷船（风力不足时用人力拉纤），也有不满五吨的脚划船，大多数航船有固定班次和航线。从清同治年间开通第一条从朱家角到苏州的航班开始，到民国时期，朱家角水上航线已发展到数十条，可谓四通八达。当时绍兴人在镇上开办划船航班，有朱家角—苏州、朱家角—嘉善、朱家角—松江、朱家角—吴江等多条航班。

光绪二十一年（1895年）上海立兴公司开通了"华泰"号轮船航班，直接开通了从上海到朱家角的水路客运交通。1908年沪宁铁路通车，朱家角的实业家席裕福在1912年左右创办开辟了朱家角—安亭轮船航班。在20世纪二三十年代，原来靠人力、风力的航班，陆续改装成机帆船，船速提高了几十倍。水上交通便捷了云集朱家角的商人，也便捷了大宗货物的吞吐交流。②

———————

① 王宏刚、袁鹰主编：《民俗上海·青浦卷》，上海文化出版社2007年版，第36页。

② 王宏刚、袁鹰主编：《民俗上海·青浦卷》，上海文化出版社2007年版，第37页。

与船运相关，还得提一提明初在青浦西隅成镇的商榻镇。商船往返于苏州、松江两邑之中，单程就是两天，早上出发，傍晚到此下榻住宿，遂取名为"商榻"。于是"里人多操舟为业，故有商榻船之称"。[①]

（四）津渡传统

过去，青浦人为了过江借助舟船摆渡，形成了固定的津渡。早期的津渡有官办和民办两种。一般交通渡口，两岸垒石阶、石驳，或筑有上坡，少数搭简易小棚、凉亭。供躲风避雨或歇脚。生产渡则在农忙时由农民自用农船摇渡。渡船以木质为多，有摇橹、撑篙及拉渡三种，以摇橹为主。有的河道较浅，江面不宽，撑篙即可。拉渡船在两端系上绳索固定于两岸，让过渡者自己拉绳往返。[②] 很多地方是先有船渡口，然后慢慢改渡为桥。2003 年蒸浦大桥建成，结束了这个地区的摆渡历史。[③]

随着公路网络的不断完善，水路客运亦逐渐被公路客运所取代。1984 年 5 月 24 日，青浦至商榻的公路建成通车，朱家角镇最后一条水上客运线（朱家角—陈墓）于同年 5 月 30 日停航[④]，至此水路客运的历史也就退出了青浦人民生活的舞台。

第二节　稻作文化

宋元时期形成的朱家角村是青浦内河航运发达的村落之一。朱家

①　王宏刚、袁鹰主编:《民俗上海·青浦卷》，上海文化出版社 2007 年版，第37 页。
②　王宏刚、袁鹰主编:《民俗上海·青浦卷》，上海文化出版社 2007 年版，第38 页。
③　王宏刚、袁鹰主编:《民俗上海·青浦卷》，上海文化出版社 2007 年版，第39 页。
④　《朱家角镇志》编纂委员会编:《朱家角镇志》，上海辞书出版社 2006 年版，第 141 页。

角镇作为重要的粮食运输中枢，稻作文化的影响深远。朱家角从前受松江府管辖，而松江府则为江南缴税大区，从中我们可以看出稻作文化在古代社会的繁荣和重要性。稻作起源于长江上游，云南是较早发现古早稻的地方，随着稻作的扩展，肥沃的长江中下游平原成为了生产中心。不过青浦稻米生产历史上只有一熟，随着人口的增多，粮食更多依赖市场，粮食不仅满足青浦人民的需要，也成为松江府稻米贸易的重要一环。稻作带来了全新的生产方式和艺术表现形式，与水路相关的船文化也由此展开。船文化中包含了对于"水"的敬畏，人通过取悦与水相关的神祇，从而让神保佑风调雨顺、路途顺畅。需要注意的是，这种祈福里很重要的一点是为了收成而祈福，并非荷马史诗中单纯为了征战旅途的顺利。

当提及稻作文化时，人们常常联想到的场景是：在梯田中，挽着

商榻太湖殿中供奉的刘猛将（赛瑞琪摄于 2011 年 7 月）

安庄刘王庙内供奉的刘王像与刘王妹妹（吴越晴红摄于 2019 年 7 月）

裤脚的农民正弯着腰插秧，远处是袅袅炊烟和清清的溪流。但朱家角镇的兴起表明这并非稻作文化的唯一形态。稻作文化最深远的影响即是我们常谈到的农耕文明，包括相关的物质产品与民族心理。在江南地区，稻作文化一方面催生了勤劳的小农耕作，一方面也促进了人对自然的敬畏和对安定的憧憬，这在民间信仰中多有表现，正如茅盾所言："在命运的网里，人们的努力是不一定有怎样多的成效如所预期。可是这命运观又和自然派的命运论有些不同。这命运观里很含着奋斗不懈的精神。"①在明清时期，为祈求丰收的祭祀猛将被官方列为正规活动，一方面迎合了吴地民众的需求，另一方面也反映出官方对于江南农业生产的倚重心态。稻作文化与农耕文明紧密相连，其重要表现是分工简单、商品交换较少、封闭性较强。

　　朱家角的地理特征决定了水田的铺开和船道的聚集，这就决定了

————————
① 茅盾：《最后一页》，载《小说月报》第 13 卷第 2 号，1922 年 2 月 10 日。

朱家角能够发展出商业资本运营性质的"米行"。根据森正夫先生的推断，朱家镇的米市发端大约在 19 世纪后期的清末同光年间，繁荣在光绪中叶。同时在光绪中叶，与米市相关联的，"是以上海为中心，朱家角镇与周边的苏州、昆山、嘉兴等江南三角洲的主要城市相连接的水上交通网迅速发展的时代"①。在放生桥西约百米处的北大街是朱家角镇的中心商店街，当时的四大米行——正缘公、恒益丰、合丰恒、聚源全，都在这条街上，并且面河而建。农民把船停泊在"水桥"上之后，就地扛着一袋袋装满米的麻袋到"行场"卸货，在"行场"由店员称重，然后卖给米行。②

　　朱家角镇米行的繁荣是由以上海为主要市场的供应链带来的。面对上海市场，朱家角本地所出产的米自然远远不够，因此来朱家角镇卖米的农民居住范围远远超过旧朱家角镇，"达到了镇方圆一百里，具体而言，涉及东边的松江县泗泾镇、上海县七宝镇，南边的松江县城、小昆山，西边的江苏省吴江县、浙江省嘉兴县，北边的昆山县千墩镇"③。

　　谷米买卖和水路的关联打破了农业劳作原有的封闭性，将朱家角带入了更大的全国性市场，这也加剧了朱家角对于市场的依赖和稻米价格的波动。但它也并不具有海洋文明的开放性，因为这种商业只是靠内陆运输完成的，并没有进入海洋商业体系，所以在朱家角形成了以农民为主体的村镇聚居形态。从中也能窥见明清资本主义发展、贸易范围拓宽给"落后小渔村"带来的微妙变化，这种张力也是贯穿中

---

① ［日］森正夫著，丁韵等译：《江南三角洲市镇研究》，江苏人民出版社 2018年版，第 64 页。

② ［日］森正夫著，丁韵等译：《江南三角洲市镇研究》，江苏人民出版社 2018年版，第 73、74 页。

③ ［日］森正夫著，丁韵等译：《江南三角洲市镇研究》，江苏人民出版社 2018年版，第 76 页。

国近代史的讨论主题。

朱家角长年环水，在过去，水路则是最便捷的交通，诗云"晚晴初获稻，闲却采莲船"。稻作文化既被丰富的降水催生，也被庞大人口的需求所召唤。因此，朱家角镇的稻作文化是复杂的，这种文化一方面和生产相连，一方面又与交换相关。这也是朱家角稻作文化与内陆稻作文化不同的地方：它始终保持着一种文化的开放性和探索性。这种氛围催生出的文化和水紧紧相连，稻作的脆弱性和市场的起伏波动交织，催生出了朱家角镇对于民间社庙和船的依赖，民间社庙提供了关于现实安定的信仰支撑，对船的依赖则促成了船形制的变革和多形态的娱乐方式。我们必须看到，稻作文化在朱家角的兴盛不仅仅意味着生产的丰盛，也意味着交换系统的发达。如前所述，此类交换系统的核心是农业生产者——农民，而非专业商人。这类形象在茅盾的《春蚕》中有较为鲜明的刻画。"家家都有船"的传统说法反映出船在江南稻作文化中的基础地位。另外值得关注的一点是，渔民在稻作文化中的对象性缺失。渔民与船的关系密切，但在摇快船这一稻作生产交换带来的民俗文化中，渔民参与度较低，渔民在稻作文化中处于怎样的地位？还是如同"商贩"在朱家角镇的隐形一般并不存在渔民这个概念？该问题包含着多维度的讨论可能性。

在一段时期，由于贸易的停滞，朱家角镇走向沉寂，改革开放后，朱家角镇也曾尝试过走工业化道路，但由于最重要的自然资源是淀山湖，正在努力转型成为新型旅游地区。这也能够看出稻作文化的兴起并非人为的号令，而是自然与现实的选择。这也再度证实了稻作文化的脆弱和贸易交换之于朱家角的重要性——这是一个为市场而生的地区。

在当下市场化的冲击下，朱家角的稻作文化以一种展示性的艺术作品形式呈现。朱家角的稻作文化代表着水乡、船歌、田野中的白鹭、闲适的生活。王磊在评《忧郁的民俗学》时提及："流传于乡村的许多民俗并没有刻意遵循科学，他们看重的是一种话语权、一种源自个人本体内在欲望的外在表达。从这层意义上看，民俗也是一种呐喊。"被改造的稻作文化成为了与现代旅游业相匹配的消费文化符号，嵌入了更多的刻板形象，吸引着人群的观看与消费。这种稻作文化不再是民俗场内人与人关系的联结，而成为市场逐利中人与人的博弈，并且在被不断拔高，走向能创造更高市场价值的艺术化商品形式。这样的稻作文化是脆弱的，它一方面面临着现代工业资本的挑战，另一方面面临着走向与其他旅游小镇同质化从而将自身价值消耗殆尽的境遇。如何解决稻作文明的存续性问题需要作出更多的研究，才能给出更详尽的解答。

第三节　民间信仰与宗教文化

在传统农业社会，民间信仰是广大民众生产生活的最重要的组成部分，仅次于基础的生理需求。在走访青浦区摇快船非遗项目的过程中，我们通过口述整理以及实地考察等方式大致梳理了摇快船在青浦特别是朱家角、金泽等区域的发展和现状。然而探访一项亟待挽救的非遗项目所应该做的，必定不能仅仅局限于传承的现状，不能仅仅安于形似。换句话说，传承的形制、技术、传承者以及适用范围都将随着时代的变迁而发生改变，而只有当我们溯源而上，把握住传承的历史来源和起因，才能够赋予传承的保护以精神，保证它不变味地进行呈现，也就是要致力于魂似，杜绝商业化空壳的泛滥，使亟待保护的这些传承不会过早地消失或者变相消失。

青浦"摇快船"从形式看似是完全的民俗文化，因此在青浦县上报非物质文化遗产之时将其划入"民间体育"类别之下，并在运动会

金泽庙会（李杨摄于 2017 年 10 月）

上以体育竞技项目进行比赛。但是，实际上"摇快船"民俗活动的起源与在青浦地区乃至环淀山湖地区广泛流传的民间宗教信仰与民间神起祈拜活动有着密不可分的联系。首先，尽管现在摇快船的主要表现形式是商业性的，是为了娱人（游客）；而在中华人民共和国成立前，摇快船这一地区文化的具体表现形式，正如一位高龄亲历者所说，"我们摇船，主要是摇给老爷看的，然后才是大家高兴高兴"，主要是娱神与娱人并重，且娱神先于娱人。这种发端于宗教信仰，尔后宗教性为俗世性让位的民俗活动实际上是当下大量传统民俗文化的普遍情况。其次，要为所谓"宗教信仰"一词作阐述。这里的"宗教信仰"并不是指对如儒、道之类的宗教的信仰，而是指一般民众所能产生的对神秘力量的普遍崇拜，进一步来说包括以旗纛、城隍、东岳、关帝一类为代表的朝廷所推崇的正祀体系的信仰、以地方性的事迹昭著者为主的杂祀性祭拜和以五通神、刘猛将为代表的被归为淫祀的各区域所拜祭的地方灵异。

实际上，构成古中国直至中华人民共和国成立前民众最一般的宗教活动的，往往是上述所列的民间信仰，而非对成建制的宗教的活动参与。之所以要对宗教信仰一词的用法进行斟酌，是因为民间信仰并不代表成建制的宗教，所谓民间宗教与民间信仰往往是有着极大的分别的：民间宗教并非一般的民众信仰，而是呈体系的、有组织的、分等级的杂糅各类宗教理念的民众信仰体系。

与民间宗教有紧密关系而实际上又有所不同的另一个民众信仰体系的重要组成部分便是民间信仰。尽管两者都盛行于社会群众之中，但历代朝廷往往对民间信仰采取睁一只眼闭一只眼的态度。相比于建制性的民间宗教，民间信仰呈分散性的状态，往往没有严格的制度和体系，而是呈现对灵验的神灵或是神秘力量的崇拜和相信并由此所产生的一系列不严格的约定好的信仰仪式和活动。民间宗教和民间信仰

　　两者之间存在着一个非常明显的区分点：民间宗教的宗教生活是与世俗生活有明显的区隔（注意是区隔而不是截然不同或是全然无涉）的，而民间信仰的宗教生活实际上乃是完全融入日常生活中的，是人们对美好生活或是对未知恐惧的集中具象寄托，也并没有什么门槛和严格的要求。

　　总而言之，民间信仰是在农耕社会，依托于人民的生活而生发的一种精神寄托。它虽然有宗教的形式，但表达的还是广大劳动人民美好的生活愿望。它出自人类共有的心理与情感需求，有赖于社会民众的集体创造，与民众的日常生活遥相呼应。

　　在安土重迁的小农经济社会中，地方性的民间信仰造就地方文化精神，又反过来为地方文化精神所造就，成为地方人情氏族关系的纽带和见证，这体现了民间信仰的两大作用：精神的灵异寄托和实用的社会功能。根据赵世瑜先生的叙说，民间信仰实际上很为官方所（主动或被迫）接受："地方士绅努力希望把地方性信仰纳入国家承认的祀典，来扩大自己地方的影响力，而国家也因为地方势力的增长……希望把它们融入国家系统之中，为己所用，变意识形态的分离为一统"[1]，由此便可以借由鬼神系统，对人们进行道德教化和社会管束。

　　在对民间信仰进行基本的定义和对其存在可能的叙述之后，我们需要把目光聚焦在民间信仰所派生出的产物——民间信仰的仪式。在宗教体验中，仪式的作用非同小可——借助浓缩的宗教符号、按照严格规定的程式，具有可操作性、重复性、执行的准确性，宗教仪式能够体现宗教的神圣性和庄严性，营造严肃静穆的心理氛围，把思想、肢体以及情感融合成一体，以提升宗教感。对于民间信仰的宗教仪式来说，透露着原始萨满的巫术、拜物等等元素的同时，也受儒家纲常

[1]　赵世瑜：《狂欢与日常》，生活·读书·新知三联书店2002年版，第30页。

潜移默化的影响，赋予教化的力量。宗教仪式一般可以有两种显性的功用，一来是宗教修行上的，一来是社会意义上的。"仪式是行动者的宗教。仪式的职责在于作为工具，它比信仰更务实的地方在于它实现了宗教最终想要达到的目的。宗教仪式中的制度、语言、姿势、程序，严格规范了信徒的行为，巩固了宗教在信徒中的地位"[①]。宗教仪式可以通过确认了的科仪帮助宗教仪式的参与者自觉或不自觉地获得到达超验境界／终极目的的神秘体验从而使其在教义的坦途上不断精进，但显然，从社会意义上来说宗教仪式的作用更为实际。

事实上，谈及宗教与社会之间的关系，我们可以从宗教学巨擘涂尔干的老师古朗士的《古代城邦：希腊罗马的宗教、法律与制度的研究》中窥见一斑。古朗士从希腊城邦到罗马帝国的百年发展中总结经验，讨论社会是由何种规则进行统治。他界定"宗教"包含了信仰观念、仪式行为、象征以及社会组织等要素，并特别注重宗教与社会的关系，这进而影响涂尔干对于宗教与社会关系的解释，透过《宗教生活的基本形式》试图证明宗教是所谓的"社会事实"，也就是不能化约成社会以外的其他层面解释。宗教满足了心理上的需求，协助人们面对并解释生与死，也舒缓人们面对未知的恐惧或焦虑感，尤其在度过如战争、天灾等危机需要仰赖超自然力量的支撑，也包括个人如何面对生命历程中的重要事件，如婚姻、生辰、疾病或死亡等。宗教也实现了社会需求，可作为在社会中富有力量且动态性的作用力，透过施行团体的规范去推动社会的同质性，也为凝聚社会团结建立共同目标或价值的追求基础，内化成为人们心中的一套价值体系。

而宗教仪式在宗教中起到了非常重要的作用，相较于整体的宗教，宗教仪式以其强烈的行动性和参与性直接作用于社会，甚至仪式所能起

---

① 别振宇：《宗教的社会功能探析》，《民族大家庭》2009年第4期，第42—44页。

到的作用超出了所属宗教的限制，深入扎根进当地社会。当地的宗教仪式相较于真正的仪式背后的宗教内涵和超越表达，往往使当地社会的一般民众更为感兴趣，因为一来，居民进行宗教仪式以起到祈祷的作用，还是非常实用倾向的行为模式；二来，科仪作为宗教神圣的集中体现和承载，更容易架构神圣与世俗之间的平衡，使得一般人更容易通过仪式而并非什么别的例如诵经、冥想等灵修方式进行宗教的体验。

之所以要强调仪式在宗教整体中的重要性，是因为这些仪式经过时间的推移和意义的转变，极有可能由纯宗教性的转变为半宗教半民俗性的，甚至极有可能全然转变为当地的民俗活动，反倒是最初的宗教意义被人们遗忘。特别是由民间信仰中本土神祇祭拜仪式转变而来的民俗活动，虽然本身宗教性大幅削弱，然而由于其特殊的来源，这些民俗活动大多都具有强烈的世俗性和地域性特点，正如上文所叙，民间信仰的信众，必然是耕田织衣的底层群众，而非那些专心侍奉佛道的团体，他们所从事的宗教信仰活动是极度世俗化的，不像佛道或儒有规定严苛的礼仪规矩需要谨记遵守，"他们的信仰相对来说是比较自由的，能把平时所受的儒教的纲常伦理、祭祀鬼神、道教的神仙、佛教的佛随意拈来，熔为一炉，经过民间百姓的智慧与想象力，再创造出自己的神来。中国民间宗教主体的世俗性，使其艺术创造上也和正统的宗教截然不同，没有那么多约束，带着民间的简陋朴拙，也显示出民间的幽默智慧"①。此外，地域性也是非常明显的：民间信仰往往是采取本土化神祇信仰的模式，所祭拜的乃是当地特有如黄大仙、地理山川或是当地人物。因而民间信仰本身往往就有强烈的地域色彩，使得转化而来的民俗活动也有强烈的地域性。当然，由世俗性和地域性所必然导致的隐藏在背后的社会观念也一定会深藏于民俗中，这将

① 孔庆茂：《中国民间宗教艺术初探》，《江西社会科学》2008年第2期，第225—228页。

在下文进行叙述。

　　我们业已提到了民俗活动，而且也标出了半宗教半民俗性和全民俗性的民俗活动。我们会发现，像全国各地所风靡的赛龙舟的民俗是属于为了祭祀屈原而衍生出的半宗教半民俗性的民俗活动。而当我们将目光转向青浦一带的摇快船时，我们会发现现今的摇快船不同往日（几十年前），已完全成为旅游公司招徕顾客的手段和招牌，商业化之后的朱家角摇快船，虽然基本路程同以往某些部分相近，但已经完全没有宗教的内涵了，故而笔者认为今日的青浦（朱家角）摇快船是一项纯民俗性的民俗活动。但是，通过我们的走访考察，我们发现摇快船是有其宗教性的起源的。摇快船这一民俗形式，一开始是如何组织起来、由谁组织起来、哪一年组织起来已经无法考证，但是基本可以断定摇快船的民俗传统已有三百年左右的历史，这一民俗的传播区域

金泽杨老爷庙前旧时摇快船的河道（贾利涛摄于 2011 年 7 月）

基本位于青浦附近或者说是淀山湖一带的百姓之中。

事实上，我们如果想要说明摇快船的宗教性来源，那么对当时繁荣时期的摇快船的情况进行复原回溯恐怕是最直观而又最为有效的方法。从以下节选采访 1949 年以前摇快船亲历者杜协钧老先生的纪要中，我们可以看到庙会与结社做戏这两种最普遍的民间信仰活动直接催生了摇快船这一民俗形式。

　　笔者（以下简称问）：农历七月廿七的时候，朱家角是不是有快船会来？

　　杜协均（以下简称杜）：有。我 20 多岁的时候，划过快船。我们那个时候呢，借一艘快船就要粜米的了。然后我们几个村就会在七月廿七这一天去朱家角比赛。我们村里面 20 多个人，一起拿一点钱出来，坐一艘快船，到朱家角船上去摇，摇完了之后我们几桌人一起吃饭。我们还要请老爷来。那么怎么去请老爷来呢？我们就要坐一艘快船去请。

　　问：那么，什么时候请老爷来呢？

　　杜：我们做戏的时候会请。今晚做戏的话，我们早上就会乘快船请老爷过来。

　　问：你们是去哪一个庙里请老爷的呢？

　　杜：我们去水庄那个庙请的。现在这个庙在保卫大队。我们就在做戏之前，乘快船去水庄庙把老爷请过来。那么做戏的时候呢，老爷会看，大家也会看。九月重阳呢，我们要摇快船到金泽去烧香，去金泽的快船一共有二三十只。我们就到金泽里面的东王庙去摇快船，去比赛。摇快船（的情况）不得了啊！我也摇了好多年啦！东度大队的快船摇得最厉害，然后我们二三十只快船都要到关王庙摇施会去摇快船。快船呢，都待在桥下，让大家去看。快船的花样噱头大得不得了！我告诉你们啊，那个时候渔民的脚步船（音）快得是不得了啊！比我们快船快了不知道多少！他们的船还没有棚。他们的船有开出俏，也有外扯绷。当然了，这些都是大人玩耍、开心。村民们都有些时候，比如说七月廿七，大年初六，会去借快船。家里有事情比如说要办喜事的，也都会请快船，请附近村子里的人家过来吃饭、玩耍。

问：是七月廿七去的吗？这个有没有什么讲究？

杜：可能是有讲究的，我估计这个是老爷的生日。去三官堂烧香的事情解放后就停止了。

问：你们去三官堂吗？

杜：那当然去的，我们一般要七月廿七去三官堂烧香的。

问：那么你们是廿六去还是廿七去呢？

杜：一般是廿七去的。廿六也有人去，但是一般大家都在廿七去。我们一般是廿七早上一大早就出去了，然后摇船到三官堂。

问：那为什么要定在七月廿七这一天去三官堂？

石人庙前水道（郑土有摄于 2018 年 7 月）

　　杜：这一天嘛，总归是一个重要的日子咯。就像金泽，九月重阳和三月廿八这两天一样，当然七月廿七呢也是老爷的生日。定这一天呢，肯定也有老爷生日的意思在里面。

　　问：那你们是哪一年开始不去三官堂划快船的？

　　杜：那总归是解放以后了。因为说要消灭"四旧"，这些东西都没有了，我们也就不去了。

　　问：那你们以前去的时候，摇快船去三官堂之前会在家里有什么准备仪式吗？比如说烧香。

　　杜妻：烧香嘛，家里总是不烧的，要到庙里去烧的。香也不是家里有的，要到角（朱家角）里去买的，庙里也是有的。

　　问：你们这个香是庙里大家一起买的是吧？

　　杜：对，是大家一起买的。有的人呢，如果想多烧一点，就要多出钱自己买香来烧。总归是大家集体出去烧。有钱的出钱，出个20块，出个几块钱这样，大家凑起来。再买不买香呢，都是看自己的心情，觉得烧得多一点呢，就保佑得多一点。

问：那你们这个租船的米也是大家一起凑的吗？

杜：对的，也是大家一起凑起来的。比如说我们六月初三就要去金泽逛娘娘庙，大家也要一起拿个二三十块出来，去那边划。三十元一个人，自己也都拿一点香过去。集体的呢就管集体来买，香头就统计好，大家一共该买多少香。租船要多少钱，吃穿用度等等，都统计收好。大家各自要烧的香呢，大家自己再出钱买。

问：其他的人跟着你们一起去烧香的吗？

杜：是的。烧香的人主要是划着快船去的。有一些人啊，小孩啊，就是请人划着小船去看，也有去角里烧香的，大家一起乘着小船去看。

问：那你们早上划过去的路上没什么比赛对吧？就是要到那里再比赛？

杜：对，路上我们就只划过去，到了角里那边呢，我们再弄一弄，开始比赛，差不多下午晚上的时候就回来了。

问：比赛有人组织吗？

杜：比赛也是有人组织的，要有人插旗。怎么组织的呢，就是快船并排停在一起，锣鼓一响，大家就开始拼命摇。大家就会看，这个快船是来自哪里的，摇得最快；那个快船是来自哪里的，摇得最慢。大家都会看，看的人非常非常多。

从以上对亲历者的访谈纪要中我们很容易就可以感受到摇快船的宗教来源。我们不妨从为什么要摇快船这一功能主义色彩的脉络来梳理个中曲折，原因如下：（1）比赛；（2）请老爷像；（3）去庙里烧香；（4）做大事（如红白事）；（5）(少见）运输货物。而比赛这一原因经过考证，被认为是各村各庄在约定的拜祭日期划（快）船去寺庙里烧香祈祷的过程中，为了增加路程上的趣味性从而逐渐演变出来的水上竞技形式，所以这五条原因中又可分为两大类：（1）单纯船只运输功能；（2）与宗教有关的连缀功能。

概述地说，摇快船之所以会出现，是因为在淀山湖周边水系发达、河道密布的地理环境以及当地民间信仰，如杨老爷庙、九龙庙、三官堂、东王庙、观音庙、弥陀庙、石人庙等庙宇星罗棋布的人文环境的共同作用下，由当地村民在各个约定好的祭祀时节前往庙中烧香祷告而来的。当地百姓在确定的地理环境下，选择船舶出行是理所应当的，快捷又方便。而为了减轻旅程中的乏味，各个村落的大船之间互相追逐，慢慢演化出了以进行速度竞技为体现的项目，并渐渐约定俗成，后来大船的建制逐步改良成适应快速摇动的样式，甚至又衍生出"毛竹快"、"花快"等不同种类的快船，则都是后话了。可以表明，没有当地居民信奉当地的民间信仰、前往庙庵进行烧香祭祀，就绝对不会有摇快船诞生之可能。也就是说，在促成摇快船出现的诸多因素中，宗教性因素是占到起源地位的，没有宗教，则没有摇快船出现的契机。

"石人老爷"是商榻镇上的保护神，他能够保佑镇上的百姓出入江上平安。而摇快船活动同样是为了向神明祈愿，保佑阖家平安的一种民俗形式。两者在庙会上的结合，更反映出当地人民对美好生活的祈愿与向往。因此，庙会与摇快船活动同为当地人民表情达意的形式，表达着每一个农民最朴素的愿望。这也是摇快船活动能够繁荣发展的群众基础。

另外我们还要注意到，摇快船都是在河道、小浜甚至是淀山湖进行的比拼，操纵快船的舵手、桨手们主要是田地上进行耕作的农民，并不是渔民。当然在几位亲历者的描述中，渔民有时候也会和他们比拼谁划得快，但事实上一来渔民熟知水性，划船本来就比农民快上许多，二来渔民的船也并不是快船，而是他们自己的船。实际上，"因为居住在水上的缘故，渔民群体在经济结构上依附于农耕社会，因而

2011 年的石人庙（贾利涛摄于 2011 年 7 月）

往往被农耕民众歧视、排斥，甚至被污名化，被挤压在社会的底层和
边缘。同时，渔民向上流动的机会几乎没有，甚至连参与农耕社会中
祭祀崇拜的机会也被剥夺了。正因为如此，渔民群体与农耕文明的陆
上人有着截然不同的信仰体系与祭拜仪式"①。在我们的访谈中，隐约
有几位老人表现出了对渔民群体的有意区隔，以展现一种农民身份的
认同：

　　　　我曾见过他们捉鱼人的踏白船，形式上比较简单。但渔人对
　　这个活动却更加重视。过去说网船娘子，踏白船都是妇女摇的，
　　她们摇船时，另有一种服饰，不像摇快船，只是普通衣服。过去

①　王华：《水上社会的道德与秩序——太湖大船渔民民间宗教的历史人类学研
　　究》，《北京社会科学》2018 年第 5 期。

男人在前面撒网，女人在后面摇船，所以女人的摇船功夫更厉害。踏白船只有两支橹六个人。壮橹、穿当、开出跳，没头桨，照样摇。①

　　虽然赞叹渔民们划船技艺的高超、划船花样的新鲜与对网船娘子的敬佩，但是在叙述中，老人也使用"他们捉鱼人"以区别自己家乡以农民为主体的摇快船。在环淀山湖地区流行的摇快船或许有渔民群体的参与，但是归根结底是在农耕文化基础上民间信仰生根发芽的结果，而与水域神祇或者是渔民群体无关。例如当地八月廿六的待青苗祭祀，就可以说明摇快船实际上是农耕体系的附属：在中华人民共和国成立以前的江南地区，农村每年夏天耘苗结束便进入了农闲阶段，此时以自然村为单位，数个村落一同集资举办"青苗会"。在这天一大早，便抬附近庙内的菩萨绕村一周，然后停放在空旷的地上，请来"堂名"唱戏一天。青苗会、请菩萨，意在保佑田稻丰收。根据杜协钧老先生的回忆，八月廿六是当地约定好的"待青苗"日子，会由专人带着村里所共同筹集的船钱雇了快船来，然后去水庄请杨老爷、刘猛将、唐生老爷三个老爷的神像，要专门用快船载着请到村里来，然后放置到临时搭的厂棚中，请来戏班子进行活动，名为"请老爷看戏"，随后大家还会围绕神像进行相关的民俗活动，总体是农耕日子中难得的既充满了闲暇也是充满了希望的狂欢时分，借由老爷的神祇信仰寄托对丰收的希冀。如若摇快船是属于渔民水上信仰体系的，便不可能和"待青苗"有什么牵扯。

　　不过，虽然本质上要进行区分，但也因为水稻作业区水路勾连，所以即便农民和渔民的信仰空间都只有各自参与祭祀祈祷，互相也并

---

① 2017 年 10 月 17 日，杜协均口述。

金泽庙会期间小商人在船上卖生活生产中的用具（李杨摄于 2017 年 10 月）

不会参与对方的宗教仪式，社会身份和角色地位也有明确的社会区隔，但是双方的信仰实践场域因为对河道、湖泊的共同依托从而产生了交叠的可能，有的时候（例如摇快船时渔民划船同快船竞速）双方行为界限甚至可能趋近模糊。

总体来说，摇快船的产生背景带有非常强烈的宗教色彩，可以说如若没有当地所特有的民间信仰的社会组织方式和连环的水乡地理环境，摇快船这一奇特的非物质文化遗产可能并不会出现。不过，随着时间的推移和特定时期的影响，摇快船的宗教意义早就已经消失殆尽，当地的民间信仰也早已是香火凋敝、庙宇缺失，因为表现形式脱离了意义实质，自然无法有机地传承下去，如今摇快船这一奇特的民俗也成为了名副其实的待拯救、待抢救的文化遗产，如何有效地将摇快船这一非遗项目传承下去，笔者认为恐怕单纯的形似是不够的，我们还是要将背后的精神实质挖掘出来，让摇快船在有形可依的同时有神可依。

综上，我们可以说，摇快船民俗活动是民众的智慧结晶。环淀山湖地区的民众从生产生活中获取灵感，创造出摇快船这种娱乐方式。宗教活动有固定的时期，旧时的民众通过固定的宗教活动祈盼风调雨顺、收成丰厚。宗教活动为摇快船活动提供了组织基础、日期与场地条件。因此，摇快船民俗活动是环淀山湖地区人民喜闻乐见的娱乐方式，承载着当地人民对人畜兴旺、四季丰收、家庭平安的美好生活的期盼。

第三章

快船的类型及制作工艺

　　青浦地区快船大致分为三种：花快船、毛竹快和姨婆船。毛竹快样式最为简单，船体最小，竞技性最强。花快船常装饰华丽，装有顶棚，中舱有锣鼓队，摇起花快船，锣鼓喧天，热闹非凡。而姨婆船则是纯粹的表演船只，与花船形制类似，中舱常有唱曲、演戏本、反串等表演形式，船行速度在三者中最慢，几乎无竞技性而观赏性最强。

　　花快船与毛竹快都是竞技用船，在竞技时，你追我赶。而花快船和姨婆船都具有观赏性，两者船体比毛竹大，装饰繁重，敲锣打鼓。姨婆船在紧张的竞技场内营造热闹气氛，船上出演反串、戏本与滑稽的表演，吸引百姓上桥头争相观望，极具观赏性和趣味性，是青浦地区独具特色的大型娱乐活动。这三类快船在不同地区都有不同特点，制作工艺也有所不同，依照当地的经济水平和自然环境，存在相应的变化和发展过程。

　　不论是花快船、毛竹快还是姨婆船，船体形状多为前窄中宽后窄，呈鱼形流线体，船头各有两个八角榔头木柱，下方有拦水头，二下巴。快船在投入使用一段时间之后，每年夏天都要摇回造船厂（木业社）进行修复。工匠们将苎麻丝塞进船身木板的缝隙，再用桐油和石灰粉的混合物涂抹覆盖苎麻丝，以达到防水防蛀、延长快船寿命的目的。

快船上的八角榔头和头桨
（由青浦区非遗保护分中心提供）

快船上的矮上头和矮橹
（由青浦区非遗保护分中心提供）

快船上的出俏板
（由青浦区非遗保护分中心提供）

快船上的绷绳
（由青浦区非遗保护分中心提供）

我们在访谈过程中发现，"摇快船"有广义与狭义之分。广义上的"摇快船"更多地侧重"快速地摇"，更确切地表述为"划快船"。这种广义的"摇快船"，虽然比速度，但是目的并不在于争得第一。更多的是为了在庙会活动期间庆祝神诞而进行，或在神诞之日争取烧到头香，自然而然地快速摇船。船手不会以纯粹的速度竞技为主要的目的。而狭义的"摇快船"是指"使用专门的快船进行速度竞技比赛"，也在庙会上举行，但目的是争夺前后名次，以此来为自己的村庄争取面子与荣光。如何区分这两者，一是看船上的橹，一般花快船上配备两支橹，比赛快船的橹特别粗大强壮；二是看船体形式，船体形式按照流行地区不同而略有不同。在淀山湖东岸地区往往流行花快船，即两支橹的农船改装成花快船；而淀山湖西岸则流行毛竹快，即定制快船。环淀山湖地区人们称呼快船为"花船""花快船""快船""毛竹快"等都不尽相同。

第一节　花快船（简称花船）

青浦地区，摇花船的习俗往往与民间宗教信仰、民众的生活中的仪式相关。赶庙会、婚礼、送行……重大的节日、家有喜事等，村民总会请来花船，为节日助兴。或为了侍奉信仰的民间神明，营造欢快活跃的气氛。总而言之，摇快船这种民俗活动极具观赏性和娱乐性，是当地人民喜闻乐见的一种庆祝方式。

青浦地区的花船有两支橹，一支大橹一支矮橹（小橹）。花船在西城、河柱地区或定做，或直接从农用船、农用橹中挑选合适的船和橹进行改造。

淀山湖地区的花船重达7吨，船底的三块板被称作"三连板"，要有弧度，符合动力学原理。当头桨控制方向，船尾有一桨，摇快船过程中，橹最重要，大橹掌握快慢。

在节庆婚庆期间，村民们将平时所用的农船修缮装饰一番，便可以用做花船。各地对于花船的称呼也略有不同。朱家角、商榻地区称为"花船"，芦墟地区称为"朱红船"，周庄地区称为"堂船"。无论是"花船""朱红船"还是"堂船"，在村民们心中，花船总是漂亮的，与喜庆节日与人生喜事联系在一起。

根据老人们所说，花船改装所需的农船船只，在1949年以前并不是每门每户都能负担得起的。在农耕社会，用于船只购买与日常保养的开销很大，拥有船只的人家往往是中农以上。因此，农船一般是几户人家合用。哪一户人家需要接亲，或是村庄需要赶庙会，由这些有船只的人家借予大家或村庄集体所用。以下我们选取朱家角与商榻两地的花船样式做一比较。

（一）朱家角花快船

花快船分布在淀山湖东岸朱家角的淀峰村、庆丰村，南边沈巷的安庄村，练塘的林家草、唐家浜，西岑的河祝村，莲盛的田山庄、龚都村，西边的金泽徐家湾、池家港、杨都村，商榻的急水江南岸石米等15个自然村。"珠街阁有彩船数十艘，金鼓沸腾，拨桨如飞，名曰摇快船"。朱家角的快船通常在庙会期间使用，多是为老爷做寿或是请老爷出会。因此，朱家角的快船非常大，装饰与速度并肩。朱家角的快船吃水大约80担至90担水，折合吨位大约4至5吨左右。船体形状前窄中宽后宽，呈鱼形流线体。船头有两个八角榔头木柱，船头下方有担水头、二下巴，船两边有护栏木各一根。

花快船装饰华丽，美观大方，前棚悬挂彩灯、插彩旗，中棚坐锣鼓手，棚顶是珍珠串成的狮子抢天球。后棚为摇橹手遮阳。前棚与中棚树一方塔伞，顶安葫芦。每艘船有彩衣七八套，都是上绣花下流苏，有鹤立鸡群、八仙过海，有绣狮、猴、娃等，装饰十分华丽。

朱家角快船（图片来源于网络）

　　船上备大橹、矮橹置于船体左右，大橹旁搁跳板于舷外，伸出水面，摇快船五人摇大橹，四人摇矮橹。大橹上配有一名"串档"、一名"壮橹"、一名"扯绷"、一名"开出俏"、一名"外扯绷"共5人；矮橹上一名"壮橹"、一名"扯绷"、一名"开出俏"、一名"外扯绷"共4人。由于摇快船消耗力气极大，因此每条橹上都需要至少两班人调换，二支橹九人，分两组替换。中棚锣鼓手四人，头浆（当头浆）一人，每艘快船上共有23人，均为身强力壮的青年，穿紧身衫衣，脚蹬绣花鞋，在碧波荡漾的水面，从三汾荡至水仙庙，单程1000米左右往来如梭，互相竞赛。船头有当头浆，用于控制方向，使船保持在河道中间。①

　　"出俏板"是环淀山湖地区的快船非常重要的一个部分，也是摇快

---

① 　2006年7月20日，杜协钧口述。

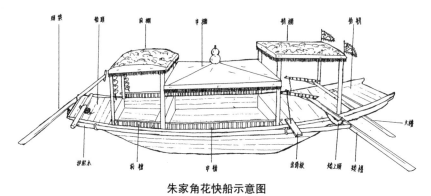

朱家角花快船示意图

（《上海市非物质文化遗产名录申报书·摇快船》，申报时间：2006 年）

船技艺的关键所在。摇快船时主要的观赏性动作就是"压出俏"。"出
俏"也称为"出跳"，所谓"出俏"就是在船头将短横木绑在两旁的船
舷的护栏木，凌驾于水面之上，横木之下就是湍急的河水，比赛时两边
出跳板都站有橹手扯绷。扯绷的人站在船体两侧突出去的俏板上，两个
人扯一条绷，一个人站在俏板悬空于水面的一端，一人站在船中。站
在俏板悬空于水面的一端船员摇船时要特别用力，蹲下去时，屁股着
水，双腿再发力站起，用力越大，船行越快。这一动作是考验一个有
经验的船手的重要标准，"摇快船"不仅要比谁的速度快，更要比谁的
"出跳"动作好看。船手的"出跳"动作也往往能引起岸边群众的呐喊
掌声。

三百多年来，"摇快船"与当地社会的经济、文化、人文发展密切
相关。早期简单的船体结构和外部装饰，通过漫长的演变和发展，形
成独特的摇快船形式和华丽的外部装饰以及精美的服饰，由此可见朱
家角地区经济繁荣、社会稳定的发展历程。

（二）商榻地区花船

商榻地区的花船纯粹是观赏用船，大多由农船改造而来。村民们
一般会选择形制较大的农船，给农船安上棚顶，披上绣着吉祥寓意的

文字和图案的绫罗绸缎，摇快船的小伙子也身着彩衣，划船时场面热闹非凡。

第二节　快　船

不同于花船的观赏性，快船则是专门为了速度竞技而特定的。在商榻地区，这种专门用来比赛竞技的船称为"毛竹快"。毛竹快体量比花船小而竞技性更强。毛竹快的制造工艺重在减小水对船的阻力，加快船行速度，保证船在快速行驶时的平稳。毛竹快船的流行地区主要分布在淀山湖西岸，主要集中在锦溪、商榻与西岑。锦溪镇的干家甸、葛墓、老槐圩等20多个自然村，以及商榻地区急水江北的东星村、淀西村、王港村、双祥村、沙港村和急水江南的陈东村（约25个自然村）。

（一）西岑镇毛竹快

"快船"比赛所用的船只由于其特殊性，就必须从专门的快船市场上租借。中华人民共和国成立前环淀山湖地区的快船几乎都是从河祝村的船王蔡金标处租借，每一只船只都有专门的名字，如小青龙等。那时租借一艘快船的费用大约是2石米到5石米。

西岑镇河祝村位于金泽镇东，与朱家角镇的淀峰村相接，素称金泽镇的东大门。河祝快船，与商榻、陈墓、千灯、陆家浜摇的毛竹快船有所不同，是用五吨左右的木船改装的。船身长三丈左右，船头呈方形。上搭有头棚，船尾搭出"尖梢角"为梢棚。舱棚形似官轿，棚外批外衣，上绣花鸟，下装流苏（花格板），轿顶装饰华丽，有"龙凤飞翔""九龙抢珠""八仙过海"等，每船有多套彩衣，摇一段路有换套衣的习俗。船头船艄，左右出跳，上装木橹，有大橹、矮橹，船头左右各装一支。大橹长3.6丈，装于船尾右侧，由三人摇橹，三人扯绷；

矮橹（二橹）装于船尾左侧出跳上，长约一丈多，由二人摇橹，二人扯绷；另装头桨，在头棚右外侧，长一丈余，由一人挡桨，称为船公，掌握全船的航向及安全。头棚和舱棚之间竖一塔舵，有五六层圆形，用彩绸制成，顶上安装一个大葫芦。快船上共有20多人，梢棚立船工10人，舱棚坐换班。头棚坐锣鼓手4人，棚前划桨老艄公1人。

河祝村老一辈人有一句俗语："槐树橹相对（配）棕树绷"。其意思是要使快船摇得快，稳准达到目的地，必须要配备坚硬、耐磨的橹和绷绳，才能出征比赛取胜。河祝村蔡金标的快船就是橹极强壮，绷极耐磨。相传以前，船王蔡金标家的一艘快船租借给商榻人去朱家角比赛，由于商榻人摇惯毛竹快船，把橹人和扯绷人用力过大，把他的一支大橹摇坏了。事后，蔡金标专门到金泽作行里定做了一支橹，选用百年槐树木，直径达25公分，橹板是黄桦树，橹绷绳选用棕树麻纱铰织而成。橹的总重量达到300多斤。取货那天，作行老板告诉他：这橹今后"只有摇伤人，没有摇断橹"。后来这支橹一直用到1958年快船取消，被改成小橹安装在生产队集体农用船上。船王蔡金标装备快船的那句"槐树橹相对棕树绷"的话由此流传了下来。

1958年成立人民公社前，河祝村上6只快船全部入社，归集体所有。12个生产小队，两个生产队共用一艘，是为共有财产。60年代之后，由于快船不适应农事作业逐渐被闲置。有些生产队将快船卖掉，有的改装成渔船，其中也包括了船王蔡金标时代流传下来的快船。一直到生产队实行家庭联产承包责任制，分田到户，集体农用船农机具归私营，这些快船被太湖渔民买去，改装成机船，用作专门捕作银鱼。

（二）商榻地区毛竹快

农历七月十五是当地比较重要的庙会。在这天，商榻地区的农民三五成群，较富裕的村落会在某户人家的带领下去木业社，定做毛竹快船。摇毛竹快时，两边扯绷、摇橹船手大汗淋漓，中舱锣鼓喧天，

维修中的大橹（由青浦区非遗保护分中心提供）

声势浩大。

农历七月二十七，村民们相约在放生桥两岸，开始比赛。快船有两橹的，有三橹的，但以双橹快船为主。后来快船的形制不断变化，船体两侧出现"俏板"，摇船的时候，一人站在俏板上，不断循环下蹲起立，这一组动作叫"压出俏"。船帮不高，两边有摇船用的绳，大家将这个绳叫"绷"。摇船的时候，扯绷的人的屁股可以触到水面。船上其他的橹手也可以帮忙扯绷，帮助发力。快船的船头翘起来可以减少浸入水中的船体体积，由此达到减小水对船造成的阻力，提高船行速度的目的。

商榻地区的毛竹快船不搭棚子，有三支橹摇。每年到了摇毛竹快的时节，部分村庄会在木业社定做毛竹快船，但多数村庄快船比赛中的毛竹快船都是从昆山地区花钱租赁来的。

商榻地区毛竹快船都有其形象生动的名字，如，三枪、老寿星、小青龙、黑旋风、小竹叶、菜刀快等等，老寿星是商榻地区最大的毛竹船。商榻地区的毛竹船普遍比其他青浦地区的毛竹船更大。

淀山湖地区的毛竹船造价不低，一般人家难以负担，于是淀山湖地区的毛竹船多是集体出资在锦溪、孟字浜、干家甸、陈墓等地定做，把手、开出俏、扯绷……这些快船的重要组成零件，村民们都会仔细打量挑选，标准清晰，橹越大越好。

毛竹船作为速度竞技比赛用船，需要大量的人力。老人们称，毛竹船上需要30到40个人，三支橹，一支桨，18个绷手。船长十二米左右，宽约三米，重达八九吨。毛竹船的大橹要5米多长，直径约20厘米；二橹约4米长，直径约12到14厘米；三橹3米多长，直径约10厘米。毛竹船的高度在60厘米到80厘米左右。每次摇橹需要一个橹手与一个绷手，橹手摇橹，绷手扯绷才能使船快速地前进。每只橹需要三班橹手绷手轮换。船头需要一位经验丰富的老者操控桨来控制毛竹船前行的方向。

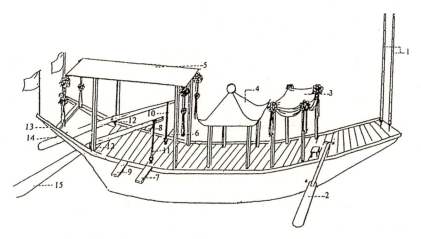

说明：1. 双篙　2. 头桨　3. 头棚　4. 仓棚　5. 梢棚　6. 小橹棚出跳　7. 大橹棚出跳　8. 小橹出跳　9. 大橹出跳　10. 小橹棚　11. 大橹棚　12. 垫脐　13. 后桥　14. 小橹　15. 大橹

毛竹快船示意图

（《吴江非物质文化遗产概览》，第 254 页）

淀山湖地区还有一种比较出名的毛竹船，名为洋树楼。这种快船两边各有四个出俏板。大橹 25 人（包括轮换、扯绷人在内），二橹 12—13 人，三橹 4—5 人，一共需要 45—48 人才能摇快船。船两边各一捆毛竹，每捆有三根毛竹。船上有两支橹，一支叫大橹，一支叫矮橹。三个人摇大橹，三个人摇矮橹。大橹上的三个人负责扯橹或者是把橹。摇大橹是非常耗力气的，所以需要这三位橹手轮换着摇。这些橹的装置露在外面便是"开出俏"。俏板有十尺，"开出俏"所要求的开的程度即要一直开到屁股着水，屁股要溅到水，溅到湿完。大橹至关重要，船体右面是大橹，船体左面是矮橹。

还有一种说法称，毛竹快之所以称为"毛竹快"，是因为快船竞技比赛时，摇在前头的船会顺势拔掉后面船只的旗子，所以经常在摇快船结束之后发生船队之间谁也不服谁而发生争执。正因如此，参加比赛的船队往往事先准备好"毛巾竹"，以备发生争执时所用，故名"毛竹快"。

第三节　姨婆船

人们在回忆起当年摇快船的过程时都会回忆起专门表演性质的姨婆船。据老人们解释，"姨婆船"的名字来自青浦的方言，"姨"指的是一种扮丑的行为，或形容人疯疯癫癫的形态，或形容男子"娘娘腔"的举止。姨婆船无关竞赛，它是作为庙会上的表演用船，为前来庙会的村民们提供娱乐观赏节目。姨婆船唱曲、反串、戏本等表演非常精彩，观赏性极强。

虽然是观赏用船，但是姨婆船的历史与摇快船来自同一传说。《上海民间舞蹈》中记载了姨婆船的传说：

> 姨婆船形成于清末民初。青浦县多河，湖泊纵横，自古以来就把船作为主要的交通工具。据商榻老艺人张杏生（1913年生）说，其祖父（1871年生）告诉他，摇快船传说是宋代名将韩世忠所创，他追杀敌兵，在木船上加橹加桨，此后，摇快船便传下来。
>
> 清末民初，村民们祈求鱼米丰收，将摇快船改装成彩船，中舱后舱搭起高彩棚，名曰"姨婆船"，以表演祭祀神灵。村民们则大放鞭炮，以示欢迎。①

在商榻地区流传的传说中，"姨婆船"与"摇快船"活动都是为了纪念韩世忠将军。在韩世忠将军的祭祀仪式上，摇快船是对战事的模仿，姨婆船则是给将军英灵观赏的英灵戏。姨婆船一开始是祭祀用的装饰花船，随着时间的流逝，它的祭祀功能渐渐被当地人遗忘，其娱

---

① 上海市青浦县民舞集成编辑组编：《中国民族民间舞蹈集成（上海市青浦县分卷）》，1988年，第198页。

乐性质渐渐凸显。

另外《中国民族民间舞蹈·上海青浦县分卷》中的记载，为我们提供了不一样的关于姨婆船的历史：

> 清末明（当为民，笔者注）初，人们为靠水吃水，渴望鱼米丰收，妇女争得自由，便将摇快船改装成彩船，中舱后舱搭起二至三层高彩棚，全船大部分是男扮女装，连摇船也是女的（男扮女装。笔者注），故名曰"姨婆船"。①

两段对于姨婆船历史上的用途的记述虽不相同，但是有一点却都提到了，即"中舱搭棚"与"改装成彩船"。可见无论是祭祀用船还是女子摇的快船，姨婆船的主要功能还是观赏用船。它最大的特点是好看、漂亮、装饰多彩。这样的装饰风格也和摇快船活动本身是祭祀活动有关系。

姨婆船船头演出姜太公钓鱼，船艄则由丑角扮演村姑。姨婆船上的娱乐表演一是为祭祀老爷，祈求神灵降幅，二是了为娱乐广大群众。船上的表演雅俗共赏。

在姨婆船船头由演员扮成一对老夫妇捉鱼。老渔翁手提钓鱼竿，一边钓鱼一边念念有词：

> "今朝运道好，一定大鱼到，卖得银两多，全家好温饱。到底伲的运气好勿好？但看此一朝。"
>
> 渔妇则附和道："一定好、一定好。"
>
> 老汉拉起一点点钓竿，看过之后又念道：
>
> "大鱼不来小鱼来，小鱼不来虾米来。"再拉一拉看，高兴极

---

① 上海市青浦县民舞集成编辑组：《中国民族民间舞蹈集成（上海市青浦县分卷）》，1988年，第100页。

了，高喊：

"哈！哈！来了一条金元宝（即鲤鱼）。"

在当地人看来，钓上鲤鱼即意味着"鲤鱼跃龙门"，在节庆中是非常吉利的好兆头。渔妇接过大鲤鱼，放入篮中。渔夫夫妇手舞足蹈，表现渔民丰收的喜悦之情，一齐唱道：

"鲜鱼味道好，卖脱价钿①一定巧②。"

船头的渔翁夫妇一问一答形式的对白念唱表现了生活气息浓厚的渔家生活，表现了当地渔家夫妇深厚的感情与生产劳动时夫妻之间配合之默契。

在船艄有"丑搭子"的《旦甩帕》表演。"丑搭子"即小丑，通常是两人对演极富乡土气息的小戏。"小丑"多是手拿扇子对着扯绷"村姑"，边扇边挤眉弄眼。"村姑"左手拿一条手帕，右手边扯绷边向"小丑"甩手帕，两人对唱《倒十郎调》，相互调情逗趣，引得众人笑声连连：船艄"旦甩帕"，展巾遮羞、姿态深情含蓄，丑摇扇，你来我往，以山歌、小动作舞动，以"耸肩伸脖"、"摇头晃脑"、"前点步"、"矮桩步"等挑逗姿态构成风趣诙谐的表现程式。整个姨婆船舞仅在摇动的船上进行，故没有过多和较大的动作，也没有场记，一只船共四十人左右，唱的有"十二样花名"、"十个字"、"十八棋"等。③

以上可见青浦地区快船的样式多式多样。除了竞技类的快船、毛竹船，还有娱乐性质的姨婆船与花快船。竞技快船紧张有趣、扣人心

---

① 吴方言，价钱、价格的意思。
② 青浦方言，好的意思。
③ 上海市青浦县民舞集成编辑组编：《中国民族民间舞蹈集成（上海市青浦县分卷）》，1988年，第101页。口述者，张丁泉，年轻时参加过当地各种民间文艺活动，如姨婆船、堂名戏等。曾经扮演过姨婆船上的钓鱼的"姜太公"，是当地有名的歌手。

弦，表演快船轻松愉快、雅俗共赏，共同构成淀山湖地区人民在庙会期间最主要的娱乐欣赏活动。

此外，嘉兴快船的形式，或是受端午划龙舟活动的影响，与淀山湖地区所流行的船样略有不同。淀山湖地区流行的快船样式，无论是花快还是毛竹快，前进主力都是靠一支大橹与一支矮橹，最多再加一支三橹。一支橹上一人摇一人扯，多人轮换交替。但是嘉兴快船前行的动力主要是依靠一队人，一人一支桨前行。

每当三月十六蚕花娘娘庙会，四里八乡的农船云集嘉兴三塔塘。每条船经改装，船艄搭上了木板横"跳"，船尾支上两支琵琶橹，两人一组，同摇一橹。船舱帮口两边竖起了四五排或五六排桨架，人手一桨，合力齐划。讲究村坊名声的，还穿起了统一的服装。船头插上一面村坊号旗，也有以"金、木、水、火、土"五行，插红、黄、蓝、白、黑的彩旗。每当踏白船赛起，三塔塘两岸看客人山人海，都为自己村的船队或邻近亲缘村庄助威呐喊。

可见快船在嘉兴与淀山湖地区已经有了明显的不同。嘉兴的快船，或称踏白船，已经具备今日龙舟的雏形。踏白船赛也具有了今日龙舟赛的初步样式。踏白船船尾放置两支琵琶橹，主体还是船体中间五六排桨手的力量。虽然"踏白船"与"摇快船"的船只形式发生了变化，但是昔日"快船"的主要形式仍然在两地的快船比赛船只上能够辨认出来。由此可见"摇快船"可以作为苏浙沪三地的交汇处的民俗景观。

第四章
快船文化

　　青浦地方的摇快船的习俗传说出现于三百多年前，而船与青浦的渊源远不止于此。青浦古属吴越，有钱塘、松江大河，境内水网密布，百姓平日里睁眼醒来闻到水味、出门脚下就是河道，"开门就见河，出

河网密布中的村镇（贾利涛摄于 2011 年 7 月）

门靠摇船"。船是日常生活中不可或缺的工具。

人们平时出门使用的小船逐渐演变成适宜狭窄河道的轻快小船、显示家境地位、或顺应庙会祭祀等大型活动分化的大船，这两种船在历史演变中都曾经拥有"快船"的称呼。日用的小船与正式典礼上比赛使用的快船，同样不是泾渭分明的关系，而是相互借用的关系。在传统农业社会，限于经济条件，不同的村参加快船比赛，船的装饰和形制尺寸上也会有所不同。同时，节庆时期比赛所用的"快船"来源也会因为庙会香汛时节不同、地域习惯不同而有所不同，有的大型村落或集镇中的富农地主家庭统一提供华美结实的船只，有的村落则向中农家庭借用较好的船只。

随着比赛的专门化，对船只的要求也更高，对船手的技术也有了一定的要求。因此，人们喜闻乐见的摇快船比赛也就催生了专门造船厂、专门的快船租赁市场等。但无论是村落集镇自己在节庆时节改装的"农船快船"还是专门从市场租借来的"租赁快船"，都可以称为"快船"，并且两种快船活动都在环淀山湖区域的香汛中出现。摇快船活动在平时使用的是各村落集镇自己的"农船快船"，而七月至九月香汛期间举行的专门的"快船比赛"则需要向市场租赁。

本章将详细介绍摇快船活动中出现的"农船快船"与"租赁快船"，以及两种快船所使用的场所，两种快船使用背后支撑相关的背景知识。通过对这两种快船，以及对"快船活动"与"快船比赛"的区别，我们能够更深入地从日常生活角度看到快船活动与环淀山湖区域的生产生活、信仰生活等之间的多线复合的关系。

第一节　快船的租赁制度

摇快船的时间没有固定的说法，各个村有不同的习惯。朱家角镇以及周边横江村、张马村举行表演的时间在每年农历七月。青浦环淀山湖摇快船表演整体还是集中在每年七月农闲的时候举办。对于乡民们来说，参加表演的次数有限，且耗资巨大，因而许多村庄都倾向于选择租船。只有少数富裕的村庄或富裕的地主家可能会打造快船，但打造快船并不是普遍现象。因此，快船的租赁制度应运而生。

一、河祝村的船王

河祝村区域面积3.69平方公里，耕地面积3195亩，粮田面积286亩，绿地面积达千亩。大江大河环抱，境内河道弯弯，河塘密布，江河汉横，由63个圩区组成，水面积达30%，是一个典型的水乡村庄。"河祝村"名称取原自然村溧河和祝家湾各一个字，从1958年开始隶属西岑人民公社，1963年两个自然村合并为河祝大队，1984年建立村民委员会。2004年撤三建一，合并至金泽镇并一直沿用至今。

西岑镇河祝村是快船主要的租赁市场所在地，是淀山湖周边地区历史上有名的摇快船村。河祝村的快船样式可以说代表了环淀山湖地区以速度竞技为主的快船样式。从民国初期，蔡金标（1876年生）带头置起了一只快船，接着发展到王、谢、沈、夏、陈六户人家拥有快船，当地人称为摇快船村。每年逢庙会时节，朱家角、金泽、西岑、安庄、沈巷，许多外村人都要来租快船，参加庙会摇快船比赛，形成金泽地区快船经营的集散地，一直延续到解放初期。

河祝村，从清末民初开始，就有摇快船的习俗，特别是在民国初期，文化复兴，庙会盛行。在蔡金标的影响下，接着分别有1组沈家（沈春荣、沈杏荣、沈国荣）兄弟三人，3组谢家（谢仕林、谢秀林）兄弟二人，4组王家（王伯连、王仲连、王仕连）兄弟三人和1组的夏云香，5组的陈绍奎共六户人家撑起了快船。当时的河祝村在金泽、西岑、朱家角、沈巷等乡镇地区是拥有快船最多的一个村。从每年农历七月初一开始到九月十九止，淀山湖地区的各个乡镇的庙会轮流有活动，而快船隔年就被订租去。每只船出租以大米计算，租用一次从二石到十石不等。外村租用快船，先要与蔡金标联系，村上人称之为"船王"。他的声名威望，使河祝村形成摇快船出租经营的市场。

二、商榻的快船租赁

租赁快船的资金一般由地方的神社组织出资。神社是以信奉和供养地方神为依据划分的农户团体，拥有专门的社田。由于神社本身没有重要的产业，它的主要来源就是乡民的捐助。每逢重大节日，神社会向社下乡民收取节日费用。对于社下乡民来说，向神社捐助也就是得到了神明的庇护。所以每到七月庙会期间，神社的组织人员就会向隶属于该社的乡民收取一定的费用，用于快船租赁及其他的准备事务。快船的费用由社民们分摊，社田出资金在庙会时宴请村民。商榻的蒋仰其先生向我们大致回忆了当年社庙用于摇快船的花费，大致包括了路费、宴请老爷的费用以及摇快船的租赁费用。路费大致需要二十元，由乡民们一起出资；宴请费用由当年轮到照料社田的头家出，请大家到家里喝酒；当年（大约20世纪50年代）快船的租赁费用大致为一只快船二十石米（一石米大约150斤米）或五十元，一只花快五石米，由社里比较富裕的人家承担。

在快船表演前数天，神社所属的村庄派人去昆山县一带码头和船厂挑选船只。昆山县集中了造船厂，是向周边地区出租船只的中心。快船表演里使用的船只年限较长，其中公认性能较好的船只甚至会出现一次多个村子抢租，以及不同村子之间续租同一条船的现象。比如当年有名的摇快船水手蒋仰其先生，他们常常拿第一名，所以租船商喜欢将好船租给他们。蒋先生一直摇的是一条叫"小竹叶"的船：

蒋仰其（以下简称蒋）：他们租的快船摇得不好，快船主人也要面子的。他们这个船摇得不好，摇不过我们。租船的人跑过来和我们说，明年摇我们的船。

问：那你们这个船有名字吗？

蒋：小竹叶。

叶建生（解释）：小竹叶这个船有名气的诶，快哟，好摇勒，大家摇不着。小竹叶这个船小，船摇起来摇到前头去了。[①]

挑选好船只租回来，船厂会派人跟船，保证船体安全。跟船者常常是这只快船的掌舵者，这是因为村庄中水道狭窄，船只容易磕碰，由出船的船厂负责把握船只航行时候的平稳，万一撞上河道两边损害了船体，也算作船厂自己的责任。

由于摇快船比赛需要青年壮丁，有一些小村庄出现无法挑选出足够的壮丁时，会联合其他小村庄一起出人，租船的费用同样由联合的几个小村庄一同分担。根据诸彩良老人回忆，商榻地区一共有毛竹快九只（薛问村、东星村、渔郎村、七百亩、王家浜、陈圩村、道上浜、王巷、朱巷江各一只），花快七只（西南横江一只、庙浜一只、许浜一只、东南横江两只、薛问村两只）。快船本身的制作水准对划船的结果有很大影响，存在大家都看上同样一条好船的情况。此时村庄之间互相商议，一个村庄划船完毕之后续租给另外有意愿租船的村庄。这之间的周转过程中，由出船方派人押送和看护出租的船。

第二节 快船的使用

快船最广为人知的是其在庙会活动中的使用。在七月农闲时节举

---

① 2018 年 7 月 9 日，蒋仰其口述。

行的庙会活动中，摇快船表演是分量最重的项目。通常在庙会活动开始的第二天，村民们集体敬神完毕的后一天，就开始摇快船的表演和比赛活动。

摇快船活动的举行多在七月份。在传统的农耕社会，每年的七月到九月是农民们的农闲时节，一年之中难得有空闲时间大家能够进行娱乐活动。摇快船活动就是最好的娱乐形式。摇快船竞技比赛不仅娱乐民众，也具有村之间互相比试高低胜负的意味，是各个村庄在农闲时期的一次聚会。参与毛竹快比赛的村落之间进行速度的角决，因此对于各个自然村来说，这也不仅仅是与邻村的一次聚会，也是为自己村争夺荣誉的一次机会。由于毛竹快本身船体庞大沉重，各个自然村为了比赛都精心挑选青壮年男子。这些男子不仅力气很大，而且相貌堂堂。在比赛中取胜意味着所在村落男丁的兴旺，同时意味着这个村落男性整体身体素质的强健，在农耕活动中具有优势。

摇快船比赛中的输赢，代表该村的劳动力效率有多高、生产力有多高。因此村庄之间把摇快船的速度作为衡量村庄综合实力的标准，并且以此互相竞争。这种竞争情形以毛竹快最为激烈，也最具有代表性。在快船竞技时，几个村的毛竹快依次开船，在江面上划行。后面赶上来的快船就会试图拔掉前面船只船头插着的旗子。蒋仰其老人解释道，成为头家，除了摇快船要摇第一名，还要保留旗子在船上，不然也是"没面子的"。因此船上还需要有个人保护船上的旗子不被拔掉。两船赶超竞技的时刻也往往是最精彩、最惊心动魄的时刻，但是往往也会发生纠纷。摇快船活动几乎每年都会发生争吵，往往就是因竞技拔旗子导致的。诸彩良先生为我们讲述了摇快船竞技时的惊心时刻：

　　　　先从毛竹快开始说，毛竹快是先停在石人庙这边，我们现在说是早上的八点钟开始，毛竹快开始摇，这个毛竹快速度快得不得了，一不小心大橹会戳到旁边去的。第一只快船摇出去了，后面的第二第三只快船会追上去，摇上去，后面的船要拔前面船的旗，专门派两三个人拔这个旗子。毛竹快一定要快，要是被后面的人赶上之后，旗子被人拿掉就输掉了，所以一定要快，农村里摇快船特别是毛竹快是要打架的，抢了这个旗子就要打架……[1]

在传统农业经济发达的时代，村中男丁的劳动力水平即代表着一个村的生产力，也代表了一个村的"颜面"。正因为摇快船比赛所拼的是各村青壮年劳动力的力气，代表着全村的荣誉，因而发生的冲突事件也非常多。这是因为在摇快船比赛过程中，竞技赢家除了要凭借速度取胜，还要凭借船头的旗子来证明自己的绝对实力。可以说"旗子"在竞技的过程中就是"输赢""颜面"的代名词。在比赛中，当后头的快船赶上前头的快船，需要拔掉前船的旗子。这在被赶超的船只看来是一个极具挑衅性的行为。这一挑衅行为也造成"不服气""谁也不服谁"的局面。但是快船竞技比赛已经结束，所以这些船队在比赛结束之后常常发生打架事件，即因为不服赢家而进行的再一次荣誉争夺。因此，我们不应该将打架作为一个消极的行为，将其从整个摇快船比赛中割裂开来。赛后的打架事件是快船竞技之后，各村为了"争面子""争荣誉"而进行的延伸性竞技。以下就是钱士松老先生向我们讲述的发生在1948年商榻石人庙的"摇快船打架"事件：

石人庙原来是在一个四面环水的圩墩上。商榻地区每逢农

---

[1]　2018 年 7 月 8 日，诸彩良口述。

现在石神庙供奉的神灵（郑土有摄于 2018 年 7 月）

历七月半汛摇快船，都要到石人庙前水面表演，小时候我每年都要去观看的。解放前摇快船比赛，快船与快船往往抢前头，拔去梢旗后打架的事常有。我亲眼所见的是1948年七月半摇快船比赛打架的场景。是商榻东星的快船与王巷（朱巷江）的快船打架。东星的快船被王巷的快船拔起梢旗，有损面子，双方打了起来。"武器"就是快船上原先准备的毛竹，后经保安团调停的。[1]

但我们需要注意的是，"打相打"[2] 的结果只限于庙会这个民俗时间，并不会对打架双方的日常生活产生影响。并且如果出现危险情况，在现场维持秩序的地方保安团队就会出面调停。

除了七月的大庙会，元宵节等节日举办庙会时也有划快船表演。这种时候的表演通常使用花船，船体经过精心装饰，配有绣花棚；摇起来少有比赛的性质，多为展示，悦人耳目。男男女女在船上歌舞娱乐，沿河游行。岸边老少男女聚集观赏，船上娱者唱戏扮丑，好不热闹。

第三节　快船与民众生活

摇快船是环淀山湖地区最具有地方特色的民俗活动之一。这项民俗形式几乎贯穿一个人的生命历程。摇快船民俗见证着一个又一个的环淀山湖地区家庭添丁、嫁娶等重要的人生时刻，并在这些人生仪式中扮演着重要的角色。

除了重要的、标记人生轨迹的时刻，摇快船还见证着环淀山湖地

---

[1]　2017 年 8 月 10 日，钱士松口述。
[2]　青浦方言，打架的意思。

区各个自然村落与市场集镇举办的地域性盛大仪式。

在这些人生仪式与地方仪式中，"快船"都作为一种承载物，承载着人们对家园平安、生活康泰的祈愿与向往。

1. 亲船

村民的大型喜事，如结婚娶亲，使用到的亲船与快船不无关系。老人们回忆当年当地人结婚的时候，送新娘的轿子就停放在快船的船头。有俗语说"亲船见官三分大"，可以想象当年青浦地区水路摇船结亲的盛况。亲船一般都是两条，一条为"轿船"，一条为"相公船"。如果接亲路近，就将花轿放在船头；路远则将花轿放在船舱内。《朱家角镇志》中大致记载了结亲的流程：

> ……丝竹班视放轿情况分坐两边。在亲船途经村镇、亲船到达及接新娘回来后的"上宅""升轿""请新"等过程中，丝竹班均要奏乐，铜角一响，鞭炮四起，丝竹猛烈。在赞礼中每一个礼拜时，均要热闹奏乐，直至送入洞房。[①]

当地有时还会用"你可以去订一只花船了"来揶揄小伙子，意为"可以结婚了"的意思。此外，当地中农以上家庭生了儿子也会订一只花船来庆祝一番。在周庄地区，使用农船改装的堂船运接亲的轿子，是当时的一项特色风俗。

亲船一般都用5吨左右农船组装，由比较富有农家人专门出租，船头上装有花轿，四五人敲锣打鼓，中舱搭有硬棚，是新娘新郎和陪客专舱，披上龙凤头，后梢临时配装大小两支橹和出跳。摇亲船不比其他摇快船，特别去外村接亲讨新娘，参加的人都是村上的年轻小伙

---

① 《朱家角镇志》编纂委员会编：《朱家角镇志》，上海辞书出版社2006年版，第184页。

子，共 20 多人，掌舵、撑篙必须派有经验的人，要现场指挥得当，大家才能步调一致，齐心协力把船摇得稳又要快，否则受女方外村人闲话，有损男方村上人的名声。

2. 香船

烧香祈福与庙会集市是传统中国农村最重要的活动。从今年 90 岁高龄的王剑秋老先生的口述中，我们可以看到人们对烧香与庙会的情感十分深厚。快船活动就在庙会场合中维系着各个村镇的联系：

> ……七八岁就摇船，跟在船上敲锣。每年七月初三、初四，草里村的刘王庙，猛将老爷要出会。参加出会的有周围几个村，城司村、荸塔村。大约有三里路，用大船把老爷的神像运出来。摇快船有三十条，在河里你追我赶。有时晚上也摇，但只是白相相。……本村的芦墟人爱去金泽，金泽的手表、自行车等工业品好，棉布也好。有啥毛病也去上海，不去苏州。年轻的时候，积肥去过淀山湖，来回要走三十六里路，在关王庙过夜……

在环淀山湖地区，各种庙会、香会不但是祈福的场合，也是各地村民走亲访友、加深情感的场合。通过烧香仪式与快船活动，人们与附近村庄的关联也得以连续，这在传统农耕社会是非常重要的。在农忙时期，相邻村镇可以相互帮助；如果发生意外事件，关系近的村落便会团结起来。任何与劳动力相关的活动都可以通过这些情感联系纽带向友邻求助。同时，这些村庄的村民相互通婚，更加巩固了这一地缘性的情感纽带。总而言之，烧香、庙会、快船，三者将环淀山湖沿岸各地联系起来，形成一个整体。

青浦地区的宗教信仰非常丰富，每逢重大的宗教节日，善男信女们就会前去祈拜，于是在民间自然而然地形成了很多香期。由于早前青浦地区公路不发达，善男信女与和尚们往往乘坐"香船"，每年春秋两季结社前往苏、杭及普陀山等地的名山古刹焚香朝拜。朝拜所乘坐的"香船"也就是撑舵船。

综上，我们发现环淀山湖地区所用花船有细微的差别，主要是因为各地的花船都是由生产用船改装而成，棚顶形态、装饰用品、桨橹支数都有不同。快船因为基本是租赁或者是定制的，形制上统一性更强，也有各自响当当的名字。但无论是快船还是花船，摇快船这一民俗活动是当地人民表达他们喜悦之情的方式。因此大小喜事都用摇快船活动来庆祝。

附：金泽镇西岑社区河祝村摇快船调研（节选）

◇ 梵屿庙会上为啥不摇快船

河祝村南依大莲湖，拥有大莲湖湖岸线 1.5 公里，水面积百分之三十左右。湖中有一个四面环水的独圩墩，总面积 10 亩左右。圩墩上有一座 800 年历史的古庙"永静庵"，当地称梵屿庙。历史上与毗邻的谢庄村各占一半，初一月半两村香客各自摆渡去进香祈福，但从来不摇快船去。

那么为啥去梵屿庙不摇快船呢？1958 年梵屿庙拆除后，庙里有个小和尚，法号静丰，落脚到河祝村上开民乐丝竹班，由他培训传承了许多民乐爱好者。当村民们问起梵屿庙不摇快船的原因时，他解释了其中的缘由：凡是吃素的寺庵，如金泽的颐浩寺、持恩庵等淀山湖周边吃素斋的寺庙，都不摇快船的。因摇快船是武的，吃荤增加体力，吃素的庙是文的，所以不摇快船。

◇ 河祝村快船装饰传人

在我们第三次进村调查的那天，老会长宋文照和程永春帮我们请来了一位河祝村快船装饰第三代传人沈四金师傅。沈师傅15岁开始学艺，与木船打交道50多年，他祖父是河祝村上与蔡金标齐名的快船船王。蔡家以出租快船为业，沈家以改装维修快船为业。

沈四金师傅当场绘制了一张河祝快船的平面图，形态逼真。他自傲地说，如果要恢复建造快船，他是力所能及的。由于对船木结构技术精通，从2001年起，他应七宝古镇旅游公司的邀请，专门为古镇上的游船维修养护，签订有七年的合同，现被一家建筑工程公司聘任为监理。

他说，要恢复建造一艘快船，在大莲湖里青西郊野公园供游客乘游或体验，是绝对可行的，有市场经营产业收益的，但成本高，木材搜集困难。为此他建议，利用渔民正在淘汰的老木船，改装而成。因为五吨以上的渔船，一般底板和旁板、栏木等木质都很坚硬，改成快船，成本低，效果好。如果有单位想恢复快船，他愿意出力。

◇ 河祝村上最后一艘快船消失的故事

1958年成立人民公社前，河祝村上六只快船全部入社，归集体所有。12个生产小队，两个生产队合一艘，为共有财产。由于快船不适应农事作业，所以有的被人家买去，有的改装成渔船。8队与5队合一艘是蔡金标家的那只快船。由于该船自身板材好，不漏水，用得起，没有改装。两个生产队有约定，如果哪个生产队用，每年要付出300元，不用的生产队每年到账300元。结果5队提出要用，每年宁愿拿出300元。后来5队把它当作搞副业的运输船，到大新厂驳沙泥，赚了一笔钱。从1964年到70年代后期，该队的集体经济比其他生产队要雄厚，社员年终分配收益多。一直到生产队实行家庭联产承包责任制，分田到户，集体农用船农机具归私营，这只快船被太湖渔民买去，改装成机船，专门用作捕捞银鱼了。

◇ 河祝村最后一次摇快船的记忆

村上的快船最后一次参加比赛是在1958年9月，庆祝西岑人民公社成立，参加在西岑荡内的比赛。村上的六只快船全部出征，三只归河祝大队，另三只分别租给邻村，育平、王田等村。当时宋文照（18岁），倪其良（26岁）都参加了比赛。由于干劲足，年轻人血气方刚，倪其良摇伤了身体。10月1日，村上以摇乐玩（白相）活动到朱家角放生桥的漕港里摇了一天。自那以后，村上再也没有摇过快船，如今村上的快船绝迹，荡然无存，摇快船的习俗面临着失传的危险。

（整理者：叶建生）

第五章

快船仪式

　　正如上文所述，摇快船民俗活动所需的人力物力财力是一笔不小的开支，娱乐功能仅仅是支撑它进行的一个很小的因素。那么主要是什么支撑着环淀山湖地区的民众在生活条件本就不丰裕的情况下依然坚持摇快船的热情？本章主要介绍的是作为民间信仰祈拜仪式一部分的摇快船民俗活动。摇快船活动能够持续近三百年并获得环淀山湖地区民众的支持，最主要的原因还是摇快船本身是一项以宗教活动为基础的民俗活动：通过庙宇建筑标示自然村的范围，即划定"荣誉"所得；通过宗教组织筹备资金、准备一应大小事务；摇快船活动的最初目的也是取悦神祇，保佑自己家户平安。宗教功能才是摇快船活动能长久存在的主要动力。

第一节　迎神赛会

　　在环淀山湖地区，迎神赛会是举行摇快船竞技的主要场合，摇快船活动多是作为迎神赛会的主要环节之一。因此作为宗教仪式一部分的摇快船活动与仪式的筹备组织、时间安排与祈拜目的有着不可分割的联系。

一、各地摇快船的时间轨迹与组织基础

摇快船活动在浙江嘉兴、江苏吴江、上海青浦等地都非常流行。在上海，青浦的环淀山湖地区的摇快船活动可以视为一个整体。《青浦县民间舞蹈集成》记载了蔡金标先生的口述："从农历七月初一开始到九月十九为止，各地轮流，活动跨江浙两省一级上海市郊十几处，东到金山朱泾、西至江苏平望、南至浙江嘉善，北至昆山千灯、陆家浜。……涉及我县的有七月十二南旺四家港、七月十五盛神庙（石人庙），七月十七、十八金泽，七月十八十九西岑，七月二十七朱家角，其中七月二十七规模最为盛大。"可见摇快船活动的流行之广，青浦摇快船活动之盛。每年从七月到九月，金泽、商榻、朱家角等地都会派出船只参加比赛表演。商榻摇快船在七月十五，朱家角摇快船在七月廿七，九月初九重阳节金泽还会再举行一次摇快船[1]。摇快船的日子多是随着庙会传统约定俗成的，各地的乡民到了这些日子便会前去。

参与摇快船比赛的村庄集镇甚多，而且作为半社交性质的比赛竞技也重视快船间的相互往来。今日你摇快船来我们镇，明日我摇快船去你们镇，这是环淀山湖地区的人民相互表示友好的方式之一。七月是农闲时节，也是各个庙宇集中举行庙会神诞仪式的时节。摇快船作为这些庙会仪式的主要环节，在各地的庙会上轮番亮相，最大的两次分别是七月十五的商榻石人庙庙会和七月廿七的朱家角三官堂庙会。到了庙会当天，乡民们会结"社"前往进香，在《青浦县续志》中我们可以看到有"先期结社乡民千百，鸣锣入城，其声殷也"[2]的叙述，可以想见乡民以"社"为单位，结伴出行的盛大场景。

---

① 王宏刚、袁鹰主编：《民俗上海·青浦卷》，上海文化出版社2007年版，第82页。
② 民国《青浦县续志》卷二，1970年刊本，第125页。

"社"是早年间青浦地区乡民们各自根据当地庙宇而自发形成的进香组织，所以"社"也往往以当地的庙宇命名，比如"石人庙社""财神庙社"等。在庙会这个特殊的神圣时间内，一个村落便以村落中的庙宇作为其神圣空间的代表，一个"社"就代表着一个自然村。这种习惯甚至还会延续到日常表达中，称社而不称村。这在中国南方地区的传统乡土社会中相当普遍。有了庙会和"社庙"组织，摇快船活动就有了组织基础与积极的群众基础。

二、"摇快船"的历史传说

环淀山湖地区流传着很多关于摇快船活动起源的传说，而且大多数摇快船都与将军英灵有关。至于是为了祭奠哪位将军的英灵，环淀山湖各地有不同的解释。有传说认为摇快船为了祭奠抗金的女将军梁红玉：

> 淀山湖的摇快船民俗，可溯源到南宋。相传抗金女将梁红玉曾在湖里操练水兵，后来击败了金兵。当地老百姓就在农历七月半梁红玉击鼓指挥水兵、战胜金兵那天，自发地举行摇快船活动。①

而位于淀山湖西岸的商榻流传着"石人将军"的传说，认为摇快船是为了祭奠韩世忠将军：

> 这里有一个关，叫做"二郎关"，守关的元帅呢是韩世忠。这个石人庙为什么要建起来呢，是为了纪念什么呢？有一年出了内

---

① 《上海市非物质文化遗产名录申报书·摇快船》，2006 年。

奸，让金兵攻打了进来，守关的官兵全部牺牲在这个地方。为了
纪念这个事情，在当地就建了这个庙，为了纪念他们。在每年农
历七月半这个时候他们要摇快船的，当年的农民出会，每年的年
初一就烧香去，去石人庙，当时这个石人庙造的是讲究的。①

在昆山地区，则有陆兆鱼传说，指出当时为了反清复明，先后有
苏州、昆山、嘉兴、松江、嘉定、金山等地民众积极响应，在淀山湖
演练，渐渐发展为摇快船：

> 顺治年间，江南各地风起云涌，纷纷起兵反清；邻镇陈墓
> （今锦溪）的秀才陆兆鱼仗义响应，组织抗清水军，日夜操练于周

现今金泽庙会期间香队巡游路线图（李杨绘制）

---

① 2018 年 7 月 6 日，诸彩良口述。

庄、陈墓毗邻的澄湖和明镜荡，顺治二年（1645 年）六月，陆兆
鱼率师进军苏州，一举攻占南门，直捣巡抚衙门。凯旋时突遭清
军状击，陆兆鱼只身得脱，隐居为僧。事后，乡亲们为了纪念他，
在每年农历三月廿八日、七月十五日举行庙会，在水上进行摇快
船比赛。①

　　虽然各地关于摇快船传说的主角和年代都有不同，但是有一些共
同点值得我们注意，即摇快船活动都是当地百姓为了感激某位具有反
抗精神的将军英灵而自发进行的纪念活动。随着时间的流转，军事用
途渐渐淡化，祭奠将军英灵的情感基础也逐渐转化为较为轻松的庙会
竞技形式。

三、庙会中的快船景观

　　摇快船有两种基本形制，一种是快船，专门比赛用；一种是花快，
常常用作观赏性与表演性用船。对于庙会仪式来说花快的使用更加普
遍，也更加重要。各地庙宇的主祭神对于当地来说，是重要的地方保
护神，庙会则是这些神明的神诞日。在这一天神明往往要"出巡"，
"巡视"自己保佑的一方土地。而早年间，环淀山湖地区水网密布，水
路交通繁荣，所以神明们往往利用花快"巡视"。在庙会当天，社民们
将神明像从庙宇中抬出，放置在花快上，沿着河道慢慢前行。花快中
最有趣的是姨婆船，也是最受人们喜爱的表演船。姨婆船上经常有演
员男扮女装表演滑稽戏，常常能惹得人哈哈大笑。

　　在朱家角的快船上还有锣鼓手鼓乐助兴。吹打曲目是庙会活动上
的一个重要组成部分。在《朱家角镇志》中记载：

---

① 刘翼：《昆山水乡摇快船与划灯船》，《江苏地方志》2009 年第 4 期，第 52 页。

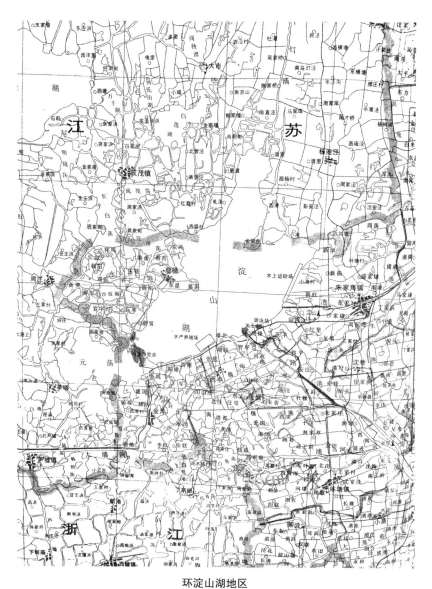

环淀山湖地区

（上海市地图编纂委员会编：《上海市地图集》，1984年版，第77页）

新中国成立前，朱家角地区神社庙会极其盛行……这些文化活动的规模相当隆重，民间吹打乐是这些活动的一个重要组成部分。如在庙会活动最高潮的老爷出巡时，就有吹打班在队列钱开道。吹打班一般由八名乐手组成，最前面是两只大唢呐，然后依次为堂鼓、大锣、小钹、小锣等。在该镇三官堂庙会期间，当地每年要举办摇快船活动，届时，漕港河两岸人山人海，河中排开几十条快船，你追我赶，搏浪争先，为首的船上有乐手们演奏吹打乐曲《水锣经》《五龙船》等。①

根据记载，《五龙船》《水锣经》是清末民初时期朱家角镇浦志荣之父创作的细吹打乐，后在民间流传过程中不断得到润色、发展。后来青浦县倪永福先生依据旧谱进行改编，创作出吹打乐《赛龙舟》。②

摇快船活动在环淀山湖地区大同小异，是各地庙会上最精彩的部分。下文将以位于淀山湖东边的朱家角和位于淀山湖西边的商榻为例，详细描述两地庙会和仪式上的摇快船活动。

第二节　七月廿七朱家角摇快船

朱家角举行摇快船活动的时间是七月廿七。七月廿七是三官老爷的神诞日，一大早人们到朱家角三官堂进香，之后再往城隍庙烧香③。在这一天不仅仅有水上的摇快船、放河灯活动，陆地上也会举行"行

---

① ②　《朱家角镇志》编纂委员会编：《朱家角镇志》，上海辞书出版社 2006 年版，第 185 页。

③　王宏刚、袁鹰主编：《民俗上海·青浦卷》，上海文化出版社 2007 年版，第 142 页。

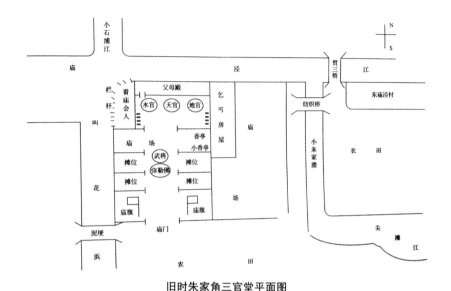

旧时朱家角三官堂平面图

（《双护村志》，苏州大学出版社 2017 年版，第 117 页）

街"仪式。①

　　朱家角快船所依托的庙会为三官堂庙会。朱家角三官堂祭祀的
是三官菩萨。据《双护村志》中的记载，朱家角三官堂重建于清道光
十五年（1835 年），供奉天官、地官与水官，由松江人张祥河建造，
称为"新三官堂"。位于东庙泾自然村西、东西向庙泾江南，朱家娄、
叫花浜（均南北向）之间，占地约 10 亩。每年农历七月二十七日至
二十八日为三官堂庙会，但附近村庄的乡民们往往七月二十六日便抵
达三官堂，在三官堂附近的摊位上采买用品。

　　由于三官堂已经拆建，《双护村志》中对三官堂的殿内布置与供奉
神祇有详细记载：

　　　　新三官堂建筑面积 3 亩，共四进。观门高大巍峨，气势非凡，

---

① 2018 年 7 月 6 日，盛世芳口述。

观门外竖立旗杆，杆顶端悬挂着各色旗幡。三官堂大门两旁，有一对联，上联：大道能容宽天宽地宽水有容乃大；下联：玄德可鉴鉴善鉴恶鉴痴无鉴才玄；横批：道济众生。笔力刚劲，十分醒目。进观门，过天井，为首殿，殿中供奉弥勒佛、武将，天井左右厢房分隔成众多小间，庙会期间供客商设摊营业。首殿后过天井即正殿。正殿巍峨雄伟，飞檐翘角，屋脊就有一人多高。殿前的供桌上摆着香炉、蜡签。天官、地官、水官三个巨大的塑像端坐于高高的木雕宝座之上。正殿东南天井里立有一大一小两座香亭，大的 10 米高，小的 3 米高，是香客焚香之处。……正殿后绕过天井是报恩殿，殿中供奉三官父母塑像。正殿和父母殿左右是厢房，东厢房供香客住宿，西厢房为香客小憩及隔栏杆观庙会摇快船之地。①

通过其庙会摊位图，我们可以想见当时三官堂庙会赶集的盛大场面。凭借着三官堂庙会的隆重与盛大，朱家角镇成为环淀山湖地区摇快船最盛大的举行场地之一。

三官堂所在地村民称"泥河滩"，参加庙会俗称"游泥河滩"，庙会亦称"泥河滩香汛"。据老人们回忆，庙会从七月廿六开始，总共持续两天。七月廿六一大早，乡民们将快船摇到朱家角三官堂祭神烧香。中午便在朱家角附近的斜角吃饭，晚上回去，一日来回。廿七再到朱家角参加摇快船比赛。廿七早上大约 8 点，快船比赛从淀东（现淀山湖镇）三分荡开始，经过杨湘泾，到放生桥结束，全程大概 1000 米。比赛经过几个来回，大约用时 1 到 2 小时。② 这与在《朱家角镇志》中记录的摇快船的基本形式和路程相差无几：

---

① 《双护村志》编委会编：《双护村志》，苏州大学出版社 2017 年版，第 118 页。
② 《上海市非物质文化遗产名录申报书·摇快船》，2006 年。

　　快船都搭起花棚，披红挂彩，前棚悬挂着彩灯、插彩旗，中棚坐着锣鼓手，后棚为摇橹手遮阳。前棚与中棚竖一方塔伞，顶安葫芦。每艘船有彩衣七八套，上绣花、下流苏，图案有鹤立鸡群、八仙过海、绣狮、猴、娃娃等，装饰华丽。……掌橹扯棚者双双对立共10人，均为壮汉，穿紧身衣衫，脚蹬绣花鞋，从三分荡至水仙庙，单程100米左右往来如梭，相互竞赛。①

　　环淀山湖地区的摇快船大多相似相同，但是各地都有各地的特色。朱家角镇的摇快船活动的特色就在于"船拳"。因为青西地带特殊的习武传统，朱家角镇南港村张家埭，是青浦、昆山、松江一带闻名的船拳之乡，在朱家角镇最盛大的体育竞技项目——摇快船活动——中穿插着"船拳"表演也是一件非常自然的事情。"船拳"表演也成为了朱家角"摇快船"中闪亮的标志，增加了快船比赛的刺激性与观赏性。

　　据老人们回忆②，以前的摇快船上有师傅打船拳，近放生桥终点时，向桥上抛出钢叉，当船穿过桥洞的时候，钢叉也正好飞过放生桥面，船拳师傅会腾起接住下落的钢叉。那时，几乎所有的人都会聚集在放生桥和漕港河两岸观看这场惊心动魄的表演。快船窄小，普通人能站稳已很困难，而船拳师傅们要在行驶飞快的船上表演船拳，实属不易，可见朱家角船拳师傅的矫健身手。《朱家角镇志》中还记载了张家埭老拳师盛宏德曾祖父曾经会"飞叉过桥"的绝技③。1949年以后快船活动取消，船拳表演也随之式微，现在人已经无法目睹当年"飞叉过桥"

① 朱家角镇志编纂委员会编：《朱家角镇志》，上海辞书出版社2006年版，第190页。
② 2018年7月6日，盛世芳口述。
③ 朱家角镇志编纂委员会编：《朱家角镇志》，上海辞书出版社2006年版，第188页。

的精彩。

　　除了水上的活动，岸上也有行街队伍，称为"出会"。根据老人的回忆，行街队伍由一位香头开道，驱逐开闲杂人等，乡民们抬着老爷的轿子。后面跟着香客，他们跟在香头后面①。《朱家角镇志》中也提到了七月廿七出会的盛况：

　　　　……上午摇快船，下午神像出巡（俗称出会）。旗幡、行牌、锣鼓、丝竹等前导，善男信女提香、扎香，扮演阴司差役、鬼卒、罪人等随后，青壮大汉抬神像殿后，出会队伍所过之处，观者如潮。②

　　出会队伍中，"扎肉提香"的香客最为惹眼。这些香客将香炉钩在铁钩或铜钩上，再将铁钩或铜钩钩在自己的前臂上，有一些香客甚至还能挂上铁锚。

扎肉提香（李杨摄于 2017 年 11 月）

---

① 2018 年 7 月 7 日，陆燮明口述。
② 朱家角镇志编纂委员会编：《朱家角镇志》，上海辞书出版社 2006 年版，第 189 页。

"船拳""出会""扎肉提香"都是朱家角地区迎神赛会仪式中的传统民俗事项，与摇快船活动一道构成了环淀山湖地区人民对于庙会的完整印象。这些传统民俗事项与摇快船活动一齐构成了环淀山湖地区独特的庙会景观。由于三官堂庙会已经失传，我们仅能够根据《双护村志》中详细记载的一次三官堂庙会的盛况，来想象当年人们对摇快船活动、对庙会的热情：

　　三官堂自建成后，庙会就成了当地的一大盛事。年年举办，从农历七月二十六日至二十八日，延续3天。此风俗延续至1955年。

　　进香、购物、看摇快船是庙会的主要特色。

　　每年农历七月二十六日，松江、朱家角等地的乡民扶老携幼乘着"撑渡船"、快船陆续赶来，各路商贩也摇着小船来做买卖，庙泾江边停满了大小船只。"撑渡船"载重10多吨，上搭木棚，可供远道香客食宿。这种船不同橹摇，由几个壮汉手持长篙沿着船舷来回撑行前进。

　　七月二十七日上午，各路香客纷纷赶来。大殿上香火齐燃，信徒们奉上供物，跪拜在天地水三官老爷前，祈求三官保佑阖家平安五谷丰登。大殿外大小香亭里香烟缭绕，终日不熄。

　　庙场上，各路香客、逛庙会的人、做生意的人从四面八方赶来。有的小贩在七月二十六日就抢先占好摊位抢生意，有卖梨膏糖、酥糖的，有卖各色点心小吃的，有卖洋布和各色日用品的，卖膏药、看相算命的应有尽有。庙场一角，人们围着一顶黑色的圆顶大帐篷看西洋镜……

　　二十七日下午，庙会进入高潮，重头戏摇快船开场了。……船像离弦之箭穿过东庙泾，至白米泾老三官堂江口，才调转船头向西，为一个出水。六艘快船前仆后继在庙泾江来回"打出水"，船上鼓乐声、山歌声震耳欲聋，河边看热闹的人群鼓掌喝彩……

七月二十八日，人们逛庙会热情不减。他们在摊贩前精心挑选喜爱的商品，吃着可口的点心，嬉笑声、叫卖声不绝于耳。直到傍晚，商贩们收摊，人们才渐渐散去。

三官堂庙会兴盛了三百多年，直到1955年建周家泾小农场需建材毁庙而止。①

三官堂香汛在环淀山湖地区的民间信仰中起了巨大作用，能够在七月廿七当日聚集四面信众，为摇快船民俗活动的展开提供了坚实的群众基础。在快船比赛中，来自四面八方的群众得以联系，并通过这个大型的活动场合增进彼此之间的情感。

摇快船活动影响力的扩大，使得摇快船逐渐成为民间信仰中祈求一年风调雨顺的一个重要环节。加之快船之船也是劳动用船，在庙会这一神圣场合，通过比赛，让船只带上神明的保佑。在农业劳作的环淀山湖地区，劳动人民正是通过快船比赛这种方式将自己和所属村落与神明的庇佑联系在一起。

第三节　七月半商榻石人庙摇快船

摇快船活动通过环淀山湖各地的香汛时间安排，在各地庙会中轮番比赛。每次参与比赛的村落视与举办庙会的村落之间的亲疏关系派出比赛队伍。商榻七月半香汛也在这一"祈拜—快船"的香汛系统当中。因此，商榻七月半的摇快船活动发生方式与七月廿七朱家角相同，都是通过神明的信仰链接起的区域性活动。可以说，商榻与朱家角是

---

① 《双护村志》编委会编：《双护村志》，苏州大学出版社2017年版，第118页。

石人庙通向淀山湖的河荡（郑土有摄于 2018 年 7 月）

七月至九月香汛期间最盛大也最具有代表性的两次信仰活动，代表了环淀山湖东岸与西岸的主要形态。

两片区域的摇快船民俗活动形式相通，但是商榻摇快船所用的船与朱家角略有不同。根据老人们的说法，朱家角的快船更大些。按照吨位换算，朱家角的快船大约在 7—8 吨，而商榻的快船大约在 4—5 吨。并且，东片与西片地区对船只的分类与使用上也有略微的区别。商榻"快船"分为两种，一种是用于快船比赛的船只毛竹快，一种是用于观赏接亲拜香的花快。花快的主要功能就是接神与作为娱神的表演船只；毛竹快则沿着环绕石人庙四周的水泾进行比赛。

商榻摇快船活动的中心是石人庙，位于横江村北面。石人庙的庙门朝向东边，庙形也像一艘船，仿佛一艘开往淀山湖的"老大船"。①

———————————

① 2018 年 7 月 9 日，蒋仰其口述。

石人庙供奉的是韩世忠将军，相传韩将军在淀山湖抗击金兵，但因为队伍里出现了内奸，七月十五全军覆没于商榻。当地老百姓为了祭奠韩将军英灵，为他修建了石人庙，于每年的七月十五前来烧香纪念①。每年七月十四、十五两日，商榻乡民们都会聚到石人庙上香赶集。

每年七月半的石人庙庙会期间，商榻镇周围的各自然村社就会摇毛竹快来到石人庙。为期三天的石人庙庙会，摇快船是绝对的重头戏，有竞技比赛，也有专门围着石人庙大圈子的水上表演。

> 七月十四梅子浜摇来，下午去石人庙上试船（排练），七月半比赛共有八只快船到石人庙"打出水"。七月十六是各村自娱自乐摇快船，也叫摇十六。我们摇到商榻市河，后摇到周庄吃中饭，下午摇回村上，夜里回梅子浜。以后再也没见过摇快船，只有划龙舟了。②

在快船比赛开始前，各社往往在自己村举行快船的祭神仪式，以保证船只出行的顺利与能够在比赛中拔得头筹。在比赛前，需要进行"笃珓"仪式，即用铜钱占卜，以待佳时。之后举行祭神仪式。快船作为承载着普通民众心声愿望的船只，希望能够拔得头筹。七月十四，各社将自己的花快、毛竹快下河试水。七月十五一大早，各社民先到做社的头家家中拜过老爷，将老爷像从做社的人家家中请到花快上。下水之后，毛竹快比赛开始，从石人庙的老戏台出发，沿着王江泾一直到现在接水港大桥附近，一共航行近2000米。每一社出一条船，总共九只毛竹快，速度快者为胜。在毛竹快比赛中获得第一名说明摇船者力气大，在农耕社会这是对一个劳动力最好的评价。能在庙会上摇

---

① 2018年7月9日，蒋仰其口述。
② 2017年8月10日，钱士松口述。

毛竹快胜出无论是对摇快船的社民个人还是对于这个社来说，都是非常大的荣誉。每一只毛竹快的船头都插着代表这个社的旗帜。如果旗帜被追赶上来的毛竹快拔掉，那是很没"面子"的事，往往有社民为了争夺旗子打架，当地则组织安保人员维持秩序。

花快载着老爷像在石人庙附近的江上慢慢航行，一方面是"巡视"其保佑的地界，另一方面是为了"观赏"乡民们所表演的节目。据老人们介绍，当年总共有五只花快，花快上坐着各路老爷，如城隍、三官、猛将、石将军等①。对于各社社民而言，最引人注目的花船是姨婆船，船上往往演出男扮女装的戏，博得四邻八乡的村民们一笑。

就今天遗留的痕迹来看，与朱家角摇快船相比，商榻石人庙的摇快船活动遗留了更多庙会活动的痕迹，我们甚至能从石人庙的摇快船活动窥见青浦地区曾经的以"神社庙会"为中心的信仰空间划分。曾经的商榻庙会最主要的信仰组织就是社庙，在进香之日，乡民们以社为单位前往庙宇。石人庙就是该地区的社庙之一，其所在的横江村被分为东西两片，东边是猛将社，主奉猛将老爷；西边是石人社，主奉石将军。社民捐出自己的一点地作为社田，为社庙公产。社民们每年轮流做社，将石人庙中供奉的老爷请到自己家中。社田所产粮食与社民们的捐助是庙会经费与租赁花快与毛竹快的主要来源。

我们可以看到，早年间摇快船是环淀山湖地区最受民众喜爱的活动之一，原因在于摇快船活动非常符合当地当时的农业生产生活。

首先摇快船符合青浦地区的劳动生活，这是摇快船活动能够在青浦地区，乃至环淀山湖地区繁荣最主要的原因。青浦地区最主要的产业是米业，包括了产米与送米。青浦的劳动人民也发明出了适合他

---

① 2018 年 7 月 8 日，诸彩良口述。

们来往运送大米的船只——粜稻船。船是青浦当地劳动人民重要的交通工具。有了对船的需求，与船相关的产业在环淀山湖地区发展壮大。很多村都选择租快船来参加比赛。商榻地老人们提到，摇快船活动，对于做船的商家来说，是非常好的宣传方式。这一商家的船帮助这一社的社民夺得头名之后，这艘船的名气就会越来越大，明年会有更多的人想订这艘船；对于社民来说，夺了头名之后还是会继续订这艘船。

劳动生活也催生出相应的农事信仰神祇。我们可以看到，传统的摇快船活动前后都有民间信仰仪式，可以说，快船就像是一个载体，承载着人们对生活的美好愿景，如五谷丰登、平安如意等。人们希望通过热闹的摇快船活动与虔诚的信仰活动表示自己对神祇的虔诚，也热切地表达着对来年收成丰厚的期盼。

因此，摇快船活动的组织筹备也与青浦地区的信仰生活紧紧联系在一起。青浦地区的信仰非常丰富，比较有影响力的除了上述提到的石人庙、三官堂，还有刘猛将庙、施相公庙等。这种以"庙"组"社"的组织称为"神社庙会"。"社"有两个主要的功能，若乡民们要去外地赶庙会，则由这些庙组织大家一同前往，而不是零零散散前去。若当地举办庙会，也是由这些庙组织大家准备庙会事务。

随着青浦地区经济发展，原先密布的水网被填埋，以前重要的水道变成了公路，汽车取代船只成为当地人最重要的交通工具。摇快船活动虽然保留了"摇船"的形式，却再没有像之前那样的生活基础。其次，上海地区的庙宇一度被破坏，这种以庙为中心的组织形式也随着庙的消失而消失，摇快船活动也因此失去了组织基础，同时作为庙会活动之一，摇快船活动也失去了它的群众基础。纯粹作为一种娱乐表演或体育竞技比赛，而失去地方传统习俗支撑的摇快船渐渐走向了衰落，退出了人们生活的舞台。

第四节　三月"蚕花水会"中的摇快船

嘉兴地区的摇快船活动也与庙会有着不可分割的联系。在这一层面上讲，嘉兴地区的快船活动与环淀山湖地区同源同流，唯一的区别在于，嘉兴地区的香汛并不处于环淀山湖的香汛体系中。在环淀山湖地区，一年之中有两次会集中举行摇快船活动，一次是七月，另一次则是在三月。两个月份间，因为农事时令的不同，村民们通过摇快船所要表达的目的也略有不同。七月正值农闲，因此七月间举办的庙会与摇快船活动更多的是联系四邻八乡。但是三月正是一年务农之始，人们举办庙会与摇快船活动更多是为了祈求风调雨顺，收获丰盛。嘉兴地区蚕桑养殖业是农业收入的主要来源，三月间最主要的农事活动是养蚕护蚕。而蚕宝宝柔弱，对环境、食物等要求很高，蚕农们费神费力，稍有不慎就有可能导致"一丝无收"。对于蚕桑养殖的不容易直接引发了蚕农对自然力量与超自然力量的崇拜。因此对蚕事神祇的祈拜也随着养蚕护蚕等农事成为了嘉兴地区蚕农在三月间的头等大事。

嘉善地区在三月十六举行的蚕花水会、摇快船（或称"踏白船"）活动也是其中最盛大的活动之一。京杭大运河环嘉兴城而过，地理环境得天独厚，西南河段建有唐代三塔、茶禅寺及岳王祠、血印寺等，嘉兴人俗称之为三塔塘。塘河边并建三座宝塔，独具匠心。我国除云南大理崇圣寺三塔和台湾基隆灵泉禅寺三塔外，嘉兴三塔声名远扬。嘉善地区的踏白船狭小灵活。船前装饰龙头，船艄插五色龙旗，各地前来的快船船队会按照金、木、水、火、土五行分别插上红、黄、蓝、白、黑五色龙旗。每只赛船配两支船橹，八只船桨，十三位船手。在指挥者的号令下开始竞技比赛，一时间你追我赶、浪花翻滚。

　　此外南湖区每年农历三月十六举行蚕花娘娘的神诞仪式，先祭蚕神，后进行快船比赛。乡民们在蚕花会上通过摇快船活动，表达了对蚕神的敬仰，以及对来年丰收的美好愿景。

　　无论是嘉兴地区还是环淀山湖地区，无论是三官庙会、石人庙会还是蚕花庙会，我们都可以看到摇快船或"踏白船"都是依附庙会展开的，同时也是庙会中最引人注目的活动。虽然节日有所不同，但是表达的情感都是一致的。

　　首先，庙会与当地的农业安排都有着一定的关系。

　　其次，庙会祈拜都表达了当地农民对一年农事丰收、家庭和睦平安的愿望。同时这也是广大劳动人民共同的愿望。

　　再次，由于淀山湖地区与嘉善地区在传统农耕时代都有密布的大湖荡，得以发展出丰富的船文化。快船能成为庙会上最盛大最引人注目的节目，主要还是依托于当地人民在生活中对船的深厚情感。一方

金泽庙会赶庙会的船只（李杨摄于 2017 年 10 月）

面船是主要的交通用具，各地的民众划着自家的小船来参加庙会，这是最方便的交通工具；另一方面，船是主要的农业用具，在祈拜农事丰收的庙会中，参与快船比赛，也能够为用于农事耕作的船只增添一丝来自神的力量，保佑村庄今年的丰收。

农业社会中的生产劳动离不开集体的帮助。嘉兴的踏白船与环淀山湖地区的摇快船都是邻里集体参与的民俗活动。通过定期的赛事聚会，也为沟通邻里八乡情感提供了契机与场合。

可以说，生活愿望、农事活动与生活方式三者共同塑造了摇快船活动。不依托于庙会，快船活动就无法在这一广大的地区形成坚定的受众；不依托于快船，庙会就缺少了表达生活热情的途径；不依托于船只，快船活动与庙会活动就缺少了生活的物质基础。

附录：石人庙来历传说异文

石人庙为何叫石人庙？传说从前石人庙周边一带的村庄，也就是淀山湖西滩一带，古代时一直遭到西山（苏州一带）、太湖强盗抢劫，周边村庄的村民叫苦不迭，村上没人打得过这些强盗。正在这时，有这么一个人，他人高马大，八尺高的身材，练就了一身好功夫，有一次西山强盗来抢劫，他一个人把强盗打跑，接连好几次都是这样。之后拥护他的群众越来越多，他就干脆建立起了一支以他为首领的队伍，但凡有强盗来，他们便英勇抗敌，保卫周边一带的安全。群众就尊称他为"石人"，喻意他强壮、坚硬如石头。实际名字已经不知道了，反正一直尊称他为"石人"。

组建队伍后的"石人"非常忙，白天要安排队伍练功，还要做好保卫工作及队中相关事宜。但是家中父母已年迈，他也是家里干农活的主心骨，于是他每天天还没亮就下地干活。普通人的锄头都是6齿的，而"石人"的锄头是特制的8齿，因为他力气非常大，6齿的锄头在他看来实在太轻了。有一天"石人"像往常一样干完活回到家，母亲问他："你今天锄地的时候有没有觉得有什么特别的地方？""石人"想了想："也没什么特别的地方，就是锄到某个地方的时候稍微有些吃力。""石人"母亲无奈地说："你锄地的时候把我们田边的一条'岸头'（方言指田埂）给锄掉了。"这一件小小的事情可见石人的力气有多大。

多少年来，"石人"都保卫着周边一带的安全。"石人"死后，周边的村民为了感激与纪念他，建了一座寺庙叫"石人庙"，将他供奉起来，尊称他为"石人老爷"。

也是为了纪念他，在七月十五日那天，组织村上的壮汉进行摇快船比赛，纪念他的英勇事迹。当初石人庙建在一座孤岛上，周边每个村庄都组织身强体壮的男子组成一支摇快船队伍，进行比赛，一只船上大概有十几个人，替补队员站在船舱里，摇船的人大约有8人，船尾有两支橹，插有两面旗，每支橹三个人摇，中间架一个"跳板"，船头有两人，一人拿着"篙子"掌握方向，一人掌舵，还有几个人在船头负责敲锣打鼓鼓舞士气。由于消耗的体力特别多，摇了一会儿要换站在船舱里的替补队员，替下来的人站在船舱里休息。一只只快船一字排开，锣鼓一响，两岸村民齐欢呼，场面非常壮观。每只船必须兜满一圈才能去抢别的船船尾的旗，抢得最多的为胜。

在没有机船的年代，摇快船也成为当时村民家中娶亲的重要交通工具。可见摇快船在石人庙周边地区的重要性。

讲述者：胡凤根

整理者：杨丽琴

第六章

非遗保护下的摇快船

第一节 摇快船保护的意义

如竹枝词所咏："渔船晒网泊菰芦，入市鱼腥何日无"（清·陈金浩《松江衢歌》），上海地区对于船只的利用是和生活的烟火气相连的。根据调查情况来看，在过去的朱家角地区，船只作为村落实力的象征而存在，因此虽船有大小、数量、装饰豪华之分，但村村都有船。造船、修船是人们普遍了解的技艺；船艺、船歌也是喜闻乐见的表演形式。摇快船活动所采用的船只从生活用船中脱胎而出，逐渐形成了自己独特的造型（见第三章）和表演方式（见第四章）。

在现代社会，在环淀山湖地区，尤其是青浦恰如其分地保护摇快船民俗活动，不仅仅是对传统文化的保护，更是在高楼林立、生活节奏普遍快速的现代社会留下一丝乡愁。保留住对乡土的守望，就是保留住对美好生活的向往，让现代的年轻人能够以更昂扬的姿态建设现代化社会。

早期环淀山湖地区摇快船民俗主要的保护单位为旅游公司。以朱家角旅游公司为例，共购置有四条表演船只，两大两小。大船可容纳20多人，小船则是普通的游客船。由于维护费高昂，实际表演的船只

快船维修现场（郑土有摄于 2018 年 7 月）

是一大两小。到后来作为自负盈亏的经营企业，旅游公司不堪重负，由朱家角文体中心接手保护工作。文体中心负责人带领我们到达船只维修处，告诉我们，大船不久前参加了市里组织的运动会，现在正在进行维修。工匠在用传统的修复技艺保养船只，木屑的清香在空中弥散开来。摇快船不仅仅是一种表演形式，还涉及传统造船技艺、维修技艺、民俗心理，因此保护摇快船不可仅从保护表演形式出发，还需要考虑保护配套的一系列工艺技术、文化支撑等。

摇快船民俗活动的传承基地为青浦区下的各个街道办。据介绍，截至 2016 年，有 17 个传承基地。但我们也了解到，由于摇快船所需人力较多，随着城市现代化进程的加速，越来越多的年轻劳动力选择在农闲时候进城打工，所以摇快船常常只在一年一度的青浦区运动会上进行展示。在传统条件下，摇快船常在婚丧嫁娶等重要场合被邀请，而随着现代社会发展，这些重要活动的仪式发生了变化，也使得传承基地的资金出现缺口。传承基地为摇快船提供了一个聚集物资和人力的场所，但在现实条件下，由传承基地作为持续性推进较为困难。

摇快船活动在过去是每一个孩童幼年最鲜活的记忆，正如鲁迅先生在《社戏》中回忆的那样。同样在青浦水乡地区，孩童们对于摇快船的印象与大大小小的喜事与庙会联系在一起，构成最鲜活最独特的乡间记忆。青浦地区现有传承人为杜协钧（市级）和陆燮明（区级）。杜协钧老先生已82岁高龄，资历较高，对于摇快船的历史较为了解。他出生在朱家角，并且是当时顶呱呱的摇船能手。他认为摇快船的历史渊源可以追溯到宋朝抗金，而且由于三官堂在朱家角，同时朱家角又是一个粮食贸易交换中心，因此到了七月廿七的朱家角庙会，四方的船都会来到朱家角拜见三官老爷，热闹无比，慢慢形成了摇快船表演的时间定制。

陆燮明老先生今年67岁，在20世纪80年代庙会恢复期间曾经一度参与组织过摇快船活动。2002进入朱家角镇旅游公司，负责采访、撰写民俗相关材料以及管理、组织摇快船活动。据他介绍，明清时期在朱家角地区就有摇快船活动。朱家角作为鱼米之乡，十分繁荣，为民间娱乐活动提供了成长的土壤。在陆燮明老先生年幼时，木业社负责造船，当船造好后，各个村庄就会派人来购买。最初的快船并无具体形制规定，与普通小船无异。摇快船活动有其自身的民俗背景，与现在的表演形式截然不同。

摇快船活动作为每个村庄集镇庙会仪式的一部分，成为了连接神灵与凡间的桥梁。对于当年尚在孩童时代的"快船见证者"而言，也许对摇快船活动的记忆仅仅停留在"热闹"、"有趣"与"好看"，但随着年岁增大，他们逐渐明白了他们在孩提时代司空见惯的摇快船活动背后代表着的乡愁与对故园的守望，摇快船活动所具有的代代相传的地方意义。当传承人回忆起旧时的热闹光景，每一个人都为之动容，那些如今看来不够雅致的动作，却构成了最具活力的生活。

附录：摇快船

作者：许益民

日前看了单金龙先生在《看青浦》发表的一篇取名《亲船》的文章。看后有所联想，确实，在20世纪五六十年代，交通不发达，出行靠水路的年代，我们农村的出行交通工具就是农船，所以一旦喜庆过节、庆丰收，就会将农船进行一番装饰，船上装有两支橹，俗称"两橹船"，在原有大橹的基础上再装一支"矮橹"。虽叫矮橹，并不是橹矮，只是比大橹短一点。也不安装在船艄尾部，而是安装在靠船艄左侧的船舷外端，摇船的时候，两个摆橹的主角，必须要协调一致，用力均衡，推出去时两人必须同时推出去，同推同拉，这样船就能平稳地向前快速推进。否则，船会左右摇摆，严重时会船翻人亡，后果不堪设想。另外，如结婚娶亲，那么"亲船"船舱还得安装一个遮阳棚，棚上放上一条红绸布，显示喜庆，人们一看就知道这是"亲船"。

那时我们每个生产队都能装备有一二条这样的两橹船。

那时逢年过节农村都兴邀请民间戏班（农村一些爱好戏曲的年轻人自行组织，有乐队有布景，还请有专业剧团老师指导的文艺小团体）演上几台戏，要是邻近村上有演戏或者晚上有电影放映，那个时候，村里年轻人就要动用两橹船了。记得我15岁那年的二三月吧，隔壁田山庄村邀请一个民间戏班做大戏，因我们村与田山庄村，相隔一个南白荡，最多一二里水路，但那时不像现在条条马路通到村，还有公交车，那时要去看戏必须要摇船过去。由于我年龄小还挤不上两橹船，能上两橹船的都是些20多岁的漂亮女孩，我们这些十五六岁的毛头小伙子就是不让上两橹船，为什么？可想而知，不说也知道！可我们这些毛头小伙也不少啊，一个生产队有三四个，这么我们两个队加起来也得有七八个，我们也不服输，你们摇两橹船，我们就摇小一点的一橹船（我们称之为轻薄头船），这船小巧玲珑，要是两个人用力一点摇，不一定输给两橹船。当戏演完，要回家了，一到南白荡，我们还有意与他们两橹船来一个摇快船竞赛，他们两橹船仗着自己有力气，两支橹，挡在我们前面，欺负我们年少。可我们也不是好欺负的，我们两人齐心协力，一路猛追，紧盯他的两橹船船艄不放，正当他们在换人之时，我们使一个猛力，朝着他们的矮橹撞去，结果矮橹掉垫脐，虽人没落水，可两橹船却被搞得左右摇晃。笑得我们坐在船舱里几个人前俯后仰，趁这机会我们快速超过了他们，朝前摇去。心里在想着：看你们还敢欺负我们小年轻。

四年后，我们这些当年十五六岁的毛头小伙子成了摇两橹船的真正主角。摇两橹船是非常吃力的。要是有那么两三条两橹船同时在一起，向同一个方向，那大家都想要摇在最前面，来显摆自己的实力。那个时候人人都铆足了劲，只见船头前白浪翻滚，船像离了弦的箭，向前冲去。一条船上10多个人，轮流交换摆橹拉绷。不到五分钟人就开始感觉没力气了。但脑子里只有一个念头——不能比他们慢，一定要在他们前头。摇两橹船就是这样，要快、要争，即使力气用尽，但心里还是觉得很开心。

我们这里虽然有摇两橹船的习惯，但摇快船比赛，那就更迸发激情，更加振奋人心，激动的场面层出不穷。我们家乡还没有出现过摇快船的情景，可在我们周边的朱家角，吴江芦墟地区曾经有摇快船的传统。清朝顺治年间，每年农历七月二十七的农闲时节，朱家角地区就有摇快船的习俗，到了清朝末年，摇快船进入鼎盛时期，快船的装饰华丽、美观大方，搭起花棚披红挂彩的，头棚悬挂彩灯，中棚有锣鼓手,艄棚插彩旗,摇快船时有 5 人摇大橹,4 人摇矮橹,中棚内有锣鼓手 4 人,还有一个跷头桨。配上经典的吹打乐"五龙船和水锣鼓",那正是"金鼓沸腾,拔桨如飞"。尤其那出跳的气宇轩昂的站立在跳板上奋力拉绷,时而身如飞燕掠过水面,时而猫着腰,时而挺着胸。真有点"力拔山兮气盖世"的气势。

可随着社会,经济和文化的日益变化,摇快船的传承面临着越来越严重的危机,我们村的两橹船也不复存在,能摇两橹船的人员都已年逾古稀,会摇船的人越来越少,而会开车的人越来越多,当然这也是社会发展的必然。可两橹船,摇快船这个民间竞技项目,在我们这辈人中有着很深的形象,那个时候的快乐,那个时候的开心,在我们的脑海里记忆犹新。希望能将摇快船这一非物质文化遗产继承和发扬。

第二节　作为"非遗"的"摇快船"

一、"摇快船"非遗申报情况

青浦摇快船 2016 年申报市级非遗项目成功,到目前为止,保护时间仅有三年。申报人员对于摇快船做了深入的调研,发现了摇快船民俗活动在传承上存在的一些问题:

首先,由于经济发展的需要,原先朱家角地区的大湖荡逐渐被填埋成公路,与之伴生的是朱家角乃至环淀山湖地区产业的转型。1949年以前,即摇快船活动开展的鼎盛时期,环淀山湖地区的主要产业为农业,总而言之,在经济模式与地理面貌的双重影响之下,摇快船活动的民俗场域逐渐萎缩。

其次,由于历史原因,摇快船曾在历史上有过中断,使得技艺掌握者出现断层现象。原有传承人和保护者在迅速老去,迫切希望技艺得到传承,但年轻一代不愿承接。

以上两点"摇快船"活动面临失传的最关键的问题，触及了摇快船民俗活动在现代自然的环境下失传的两个核心要素：场所与人员。庙会与大湖荡，作为摇快船民俗活动生发的民俗场合与自然场合，都在现代的青浦乃至环淀山湖地区逐渐萎缩消失。庙会的式微及大湖荡的消失，不仅导致摇快船民俗活动场合的缺失，也导致了摇快船船手的失传。环淀山湖地区在产业转型之后，以农业为主要产业的地区逐渐用上了现代农具，更多地方以手工业或旅游业为主要产业。总之，船作为环淀山湖地区主要的农业用具已经退出当地人生产生活的视线。因此，年轻人不愿意继承摇快船的技艺，一方面自然是因为摇快船对身体素质要求高，对摇船技艺的要求也高，一般人不容易学会。但是更主要的是，现代的生活环境让年轻人失去了继承摇快船活动的理由。

《申报书》上的申报原因注明："对摇快船这项不可多得的非物质文化遗产有必要加以保护和挖掘利用，使摇快船这项水上竞技表演重新发出夺目的光彩。"摇快船以集体活动的形式展现了江南水乡之美，既具备民间审美价值，又具备社会研究价值。而摇船人、修船人的消失，和现下观众口味的变化，使得它面临生存难题。2006年申报"非遗"项目的成功，无疑是对保护价值的肯定。但是，申报"非遗"的成功仅仅是摇快船活动作为民俗活动保护过程的第一步。我们不能止步于此，应该将2006年申报市级"非遗"的成功作为一个充满挑战的开始。如何能够在保护现有状况之下，在淀山湖地区开展对摇快船民俗活动的活态保护，这是我们接下来要解决的主要问题。

在现代生活的环境下，采取什么样的保护形式显得尤为重要。环淀山湖地区的摇快船活动保护，最主要的问题在于活态元素缺失。这让我们重新反思保护的技术性问题：我们应该采取什么样的保护措施，保证群众能够自发地被摇快船活动吸引。这样既能够保证摇快船的活态传承，也能够保证传承者、保护者以及保护单位能够在市场经济的大环境下取得多赢。

目前对"摇快船"活动的保护多注重其作为民间体育或民间舞蹈的一种，强调其作为一种体育形式的竞技性，其实只是关注到一方面。正如本书前几章节所述，摇快船活动本身是传统庙会或传统喜庆佳节的一种表达方式，在特定的民俗情景下表达一种热闹、欢庆，祈愿美好生活的方式。如果我们只注重对其竞技形式或单纯的物理运动形式的继承，则失去了对其群众基础的关注，最终只能让这项古老的水乡民俗真正走向消失。

二、摇快船保护计划

（一）活态保护

如何对"文化遗产"进行活态保护是近些年来中国非遗保护的关键问题。活态保护即意味着文化遗产在传承的过程中保持其鲜活的生命力。这就要求对文化遗产的调查与保护不仅仅关注传统形式，更应该关注支撑其传承发展乃至变迁创新的地方知识与观念。2003 年 10 月 17 日通过的《保护非物质文化遗产公约》(the Convention for the Safeguarding of the Intangible Cultural Heritage) 对非物质文化遗产对非物质文化遗产的表述如下：

> 非物质文化遗产是指：被社区、群体、有时是个人，视为其文化遗产的各种实践、展现、表达、知识和技能，以及与之相关的工具、实物、手工制品和文化空间。
>
> 其具体包括：①口头传统和表现形式，包括作为非物质文化遗产媒介的语言；②表演形式；③社会实践、礼仪、节庆活动；

④有关自然界和宇宙的知识和实践；⑤传统手工艺；⑥与上述表现形式相关的文化空间。①

与《公约》中提及的非物质文化遗产保护做对比，我们可以看到，对环淀山湖地区摇快船民俗活动的保护，不仅仅要保护快船的船体形式与竞技比赛形式，更应该关注其背后的"快船文化"。"快船文化"主要涉及摇快船的技艺与规则、建造修缮装饰船体所需的技艺与知识，摇快船活动举行的民俗空间与对应的民俗仪式与民俗知识。由于庙宇的大面积拆改重建，对民俗场域的重建恢复在现代社会难上加难。目前，对环淀山湖地区摇快船民俗活动的活态保护落实到实际行动主要分为两块：一是对摇快船传承人的保护，一是对有关快船的地方俗语、地方知识的保护。

保护摇船人，通过保护非物质文化遗产的继承者，从而将摇快船以活态的形式呈现。目前青浦区的非遗保护人有杜协钧（市级）、陆燮明（区级）两位老人。通过对非遗传承人的口述史专访，能够帮助我们弥补摇快船民俗历史记载的空白。与此同时，我们应该加大对于非物质文化遗产传承人的媒体宣传，以期吸引更多的年轻人加入摇快船传承与保护的事业中来。

青浦区摇快船民俗活动最主要的保护单位是朱家角旅游公司，保护经费主要用于加强表演补贴、购置表演服装和维修船只，并且通过年度规划表演次数的形式，保证摇快船的活态形式能够延续。另一方面，通过与高校合作，成立实践基地，加强学者调研，能够帮助公众关注其价值，从而推动摇快船的发展。在现有条件下，保护尽可能遵循整体性保护原则，不割裂摇快船与其民俗背景的联系，使摇快船不

① 参见《联合国教科文组织保护世界文化公约选编》，法律出版社 2006 年版，第 20—34 页。

仅是一种娱乐形式，更具有深厚的文化积淀。

目前青浦区以及其他环淀山湖地区非常重视对摇快船的活态保护。具体表现在对其民俗历史和相关地方文化俗语的关注及对传承人的重视三方面。传承人是非遗项目传承的核心环节，是非遗传承保护项目中最有生命力的一个元素。摇快船活动能够保证快船手传承谱系，保证传承的群众基础，保证"摇快船"活动能够持续保持其生命力。对相关地方俗语的保护，即是对快船文化的保护。这些俗语中看似只是简单的一个名称，但其背后包含着的是独特的情感与地方文化。这些俗语蕴藏着恢复摇快船民俗项目的关键知识，如"出跳"是指快船在行进过程中独特的沾水动作。对相关俗语的记载、整理、阐释、继承，即是对快船文化最直接的保护。

环淀山湖的各个县市区近些年渐渐设立与摇快船民俗活动项目相关的非遗传承人。这不仅仅是保护技能知识的谱系传承，更重要的是，通过对来自民间的非遗传承人所携的地方知识与地方技艺的传承与交流，将"文化遗产"传承的话语权交给这些最了解这些传统形式的传承人，达到与现代社会建立平等对话的机制，以彰显地方文化的独特魅力。

（二）对传统形式的抢救性保护

活态保护不意味着完全的"推陈出新"，在强调保持民俗的鲜活性的同时，不要忘记非遗保护的核心还是在"传统"。市场只能解决一部分问题，但是更重要的是，我们应该让摇快船活动保持其传统的魅力。尤其是现在，曾经亲身参与快船活动的老人们都已八旬高龄，他们也是接触过传统形式的最后一批快船船手。而最后一批目睹过传统形式摇快船活动的老人也都已年过花甲。换言之，如果在近几年不抓紧对传统形式的调查与保护，则意味着我们将失去宝贵且丰富的摇快船活动的历史资料。

商榻某村老年活动室的老人们（郑土有摄于 2011 年）

第三节　"摇快船"项目保护现状

摇快船目前以旅游公司定期举行表演和青浦区运动会进行比赛为主要形式进行保护。保护方式现分为两块，一块是对其民俗表演形式的保护，一块是对竞技表演形式的保护。由于经费原因，朱家角旅游公司将摇快船民俗表演缩减为每年一次，日期定在七月二十七日，即传统三官庙庙会的日子。此外，在重大节庆场合，摇快船表演也将作为具有地方特色的民俗活动进行宣传。在青浦区运动会上增加摇快船竞技项目则是对其体育竞技形式的保护。青浦区运动会是由青浦区政府主办，以"全民健身节"的形式，每两年举办一次摇快船。

目前，青浦地区的摇快船项目已经纳入国家的非物质文化遗产的保护语境之下。在现代非遗保护语境下，意味着为这项古老的传统文化注入强有力的新生命。非遗保护强调的是保护地方文化，每个县市区的非遗项目都具有其鲜明的地方特色。但是我们发现，在青浦区摇

快船项目的非遗保护过程中，地方特色反而渐渐减少。甚至为了达到
广泛的宣传力度，不得不牺牲其地方特性。这与非遗保护的初衷背道
而驰。以下为 2014 年摇快船表演的形式：

摇快船表演（节选自《朱家角古镇端午活动导览册》）

……

（二）传统摇快船表演

1. 时间：上午 10：00—11：00

2. 地点：朱家角漕港河

3. 内容：

"摇快船"是朱家角古镇民间节庆活动中最富有民俗特色的
传统表演节目之一，将在端午节时安排两条摇船，每条船上设有
五名锣鼓乐器手，另有七人分别掌舵、摇船，船员皆着民族服装，
进行水上各类具有端午民俗特色的文化表演活动。

在这份介绍中，我们发现目前摇快船表演有两大改变，一为表演
日期，一为表演目的。将原本七月廿七举办的摇快船活动放到五月端
午，摇快船活动从原本作为庆祝庙会活动与庆祝人生喜事的一种表演
形式成为端午的表演项目之一，摇快船所依托的民俗场合发生了根本
性的变化，以此作为代价的是摇快船项目地方性特色的削减。为了达
到宣传目的而对已有的端午非遗项目的模仿，反而使别具一格的青浦
摇快船活动淹没于全国各地的端午相似相同的表演中。

为了迎合观众口味而加入了端午节的民俗表演，摇快船活动从充
满活力的民俗活动到表演节目，最后脱离其轴心成为"端午龙舟"表演
的"青浦翻版"，这也意味着摇快船以削减其自身意义的姿态面向市场，
但同时因为丢失了其具有核心竞争力的地方特色而被市场抛弃。但是从

这份表演单，我们依然可以看到传统的身影。放生桥横跨于镇东首的漕港河上，表演仍然遵照老例，也佐证了漕港河对于朱家角文化发展的意义。

从"快船"到"龙舟"，我们可以看到，亟待保护的不仅仅是摇快船这一种形式，更是其背后正在消亡的快船文化。客观环境的剧烈变化使得摇快船的命运在现代化经济冲击的风雨中飘摇，这也是民俗文化保护面临的最大难题。摇快船的表演式利用使得非遗保护脱离了民俗场。在传统的民俗场中，有一种无形的力量支撑着民俗活动的不断传承，那就是当地民众的自发组织与参与行为。当地民众的广泛参与，使得民俗活动能够在历史的长河中保持其相对固定的姿态，并根据民众生活的需要，依托相应的地方知识作出符合生活与历史的改变，从而继续保持其生命力，传承下来。一旦将这种民俗抽离其生发场合，变成纯粹的舞台艺术后，文化的自我生长能力也就缺失了。在新形势下，复原过往民俗场自然是行不通的，这也要求我们找到新的路径与现代经济进行对接。对于摇快船，不仅仅要挖掘它的表现形式，也要向来到这片土地的人们进行背后的文化宣传。摇快船作为青浦历史的见证，如果能够让年轻一代参与其中，能够增进历史责任感和文化责任感。例如在中学、大学校园中进行文化宣传，开展相关的体育课程，就能够激发更多潜在传承人的热忱。

把摇快船民俗活动与民众体育活动结合，也无疑是宣传、传承摇快船民俗的有效途径之一。以下是 2015 年朱家角镇全民健身节之"一镇一品"民俗摇快船比赛的赛事安排：

1. 签到：各队 11 月 11 日早上 8:30 前报到（放生桥西南角长廊处签到）领取运动服，运动员须穿着运动服进行比赛。

2. 检录：签到后等待检录（如该队无特殊情况，检录时间迟到 15

分钟取消比赛资格)。

3. 上船：听从裁判员指挥，安全有序的上船（上船后靠河道南边划向起点，不要影响比赛)。

4. 发令：到达起点后，服从发令员的指挥快速准备就绪，航道由北向南 1—4 道（发令员手中的旗向下挥时，各船开始比赛；第一次抢划全体召回，第二次抢划即取消比赛资格)。

5. 途中：起划后目标，放生桥上挂的 4 个航道牌，由于没有拉有线航道，所以尽量不要偏离航道，更不可以影响其他船只比赛，划过终点比赛结束。

6. 下船：比赛结束的船只，尽快靠向码头下船，换下一组的运动员比赛。

7. 颁奖：比赛结束对获得比赛前 8 名的运动队进行颁奖。

注：所有获得参赛奖和前 8 名的运动队，在颁奖结束后到签到处领取奖金。

竞赛日程

（11 月 11 日）

检录时间	组　别
8:45	A 组、B 组
8:55	C 组、D 组
9:05	E 组、F 组、G 组

分组表

组别	航道	参赛单位	成绩	名次
A	1	万隆村		
	2	张马村		
	3	横江村		
	4	张家圩村		

续表

组别	航道	参赛单位	成绩	名次
B	1	安庄村		
	2	山湾村		
	3	周家港村		
	4	北大街居委会		
C	1	新华村		
	2	新旺村		
	3	东井街居委会		
	4	李庄村		
D	1	薛间村		
	2	淀山湖一村		
	3	淀峰村		
	4	张巷村		
E	1	山海桥村		
	2	盛家埭村		
	3	沈巷社区居委会		
	4	林家村		
F	1	庆丰村		
	2	周荡村		
	3	王金村		
	4	创建村		
G	1	新胜村		
	2	建新村		
	3	先锋村		
	4	文体中心		

从赛程安排表我们能够看到恢复后的快船比赛有很高的人气。共有 28 支参赛队伍（即 28 条船），活动场面浩大，也吸引了不少观众前来参观。比赛举办方也注意到了快船形制的问题，但是受对传统摇快船全面了解的限制，虽然船只采用了传统的毛竹快，但是采取的比赛方式却是现代赛艇比赛所用的赛道比赛的方式，尤其是运动员共 56 人，每条船只有 2 人，完全不符合摇快船的规制。

不过我们可以看到，颁发奖金能有效激励人们参与到快船比赛的项目中，这一结果或许能够缓解快船传承人青黄不接的现象。

第七章

摇快船的现状与对策

特定的地理环境孕育出特定的民俗文化。江南一带，水网密集。位于上海西郊淀山湖畔的朱家角处于浙江、江苏、上海的交界处，是上海四大历史文化名镇之一，素有"江南明珠"之称。朱家角是江南古镇的典型，历史悠久，文儒辈出，早在1700多年前的三国时期就已

今日朱家角（吴越晴红摄于 2019 年 7 月）

形成村落。同时，朱家角地处"东方魅力之都"上海，上海中心城区对其有巨大的辐射作用。朱家角具有独特的自然风光和人文景观，镇区内有 36 座古桥，古朴典雅，9 条长街临水而建，民居宅地依水而建，一式明清建筑，古风犹存。

20 世纪 50 年代以前，在朱家角及淀山湖地区，快船参与的表演非常多，例如赶庙会、少年成人庆会仪式、喜庆节日、民俗节日、请老爷出会等。每次表演以两三艘至五六艘不等，以村为单位派船队参与表演。快船保养精良，棚布装饰华丽。每逢节汛，来自朱家角附近农村的数十条快船竞放异彩，云集在碧波荡漾的水面上，帆樯如林，篙橹对峙，岸上人头攒动，摩肩接踵，场面蔚为壮观。

遗憾的是，自 50 年代以后，摇快船表演逐渐减少，甚至一度灭绝。而今快船仅保留四艘，快船表演的机会也很少，且制作、装饰简单，快船结构以及配置更是与早先的快船相去甚远。摇快船并没有固定的队伍，只是在参加表演之前才临时集合，故而摇船手不存在师徒传授，技术交流很少，年轻人不愿意参与进来。不仅如此，快船制作工艺也即将失传。这一长达数百年的水上民俗活动到如今已濒临灭绝。

第一节　存在的问题

一、传承人的减少

摇快船手并不存在师徒传授，船手都是年轻壮汉，平时在家务农，等到需要的时候再临时集合。首先，当代年轻人面临的生存压力较大，少有时间和精力投入其中；其次，破"四旧"等对诸多本土文化传统造成了不可估量的损失；再者，在商业化、城市化的大潮中，年轻人对这一传统活动缺乏兴趣。从快船的制作工艺、保有数量、摇船手的数量、武术项目的传承来看，老一辈的艺人急剧减少，而又缺乏年轻

修船工具（由青浦区非物质文化遗产保护分中心提供）

人的参与。故这一水上民俗活动面临"后继无人"的困境。

其次就是快船的制作。在20世纪50年代之前，快船的价格对于农民来说是非常昂贵的，一般也只有经济条件较好的地主才会打造快船，即便是租赁快船也是中农以上的家庭为主。目前我们在青浦朱家角镇看到的快船是由旅游公司和镇文体中心保护维修的，与当年的快船在形制上相差不大，但是性质上已经完全改变。

二、旅游业竞争力不强

朱家角的旅游业起步晚。从地理位置上说，朱家角镇位于上海市西部，与江浙两省接壤。这一地区水网密集，古镇众多。与朱家角镇情况类似的周庄位于江苏昆山，历史悠久，有"中国第一水乡之誉"，是中国水乡文化和吴地方文化的瑰宝。1984年陈逸飞先生的《故乡的回忆》更是使周庄享誉海内外，不仅成功开创了江南水乡古镇的品牌，更使周庄成为中国古镇旅游发展的开拓者。20世纪90年代以来，周庄以"江南六大古镇之首"为定位，其旅游业迅速崛起。

位于嘉兴市嘉善县的西塘是古代吴越文化的发祥地之一、江南六大古镇之一，千年水乡古镇。在春秋战国时期，西塘是吴越两国的交壤之境，素有"吴根越角"和"越角人家"之称，2006年列入中国世界文化遗产预备名单。

我们从朱家角镇周围的村庄可以看到，20世纪90年代以来在周庄的示范效应下，江浙一带的古镇相继走上"旅游兴镇之路"。继周庄之后，同里古镇于1986年开展旅游事业，浙江乌镇则于1999年开始旅游的开发工作。

在2000年青浦区行政区划调整中，朱家角镇与沈巷镇合并为新建制镇——朱家角中心镇，是上海目前最大的集镇，在其后的两三年中，朱家角旅游业快速发展。

三、地方特色缺失

正如上文所述，较之周庄等古镇，朱家角旅游业起步较晚，其竞争力颇有不及。另外，由于有"周庄模式"的借鉴，朱家角的旅游业难免会被"周庄模式"束缚，无法发挥它独有的特色。

究其原因，首先是项目经营者对摇快船活动的认识不够充分。我们在采访中发现，摇快船项目在20世纪90年代还作为一项具有地方特色的民间运动在运动会上亮相，但是近几年却渐渐减弱了摇快船的地方特色，有向"龙舟赛"的形式靠近，甚至完全取代。

据中新网、新民网、青浦体育等媒体报道，2018年9月18—23日，第十届上海世界华人龙舟邀请赛在朱家角镇隆重举行。来自美国、加拿大、瑞士、澳大利亚、新加坡、马来西亚、菲律宾、新西兰、俄

朱家角龙舟赛（图片来源于网络）

罗斯、意大利以及中国香港、中国台湾地区等 13 个国家和地区以及国内知名学府的 36 支队伍 712 名领队、教练和运动员参加比赛。21 日下午，赛事开幕仪式在朱家角镇市民广场足球场举行。国家体育总局社会体育指导中心副主任杨善德，上海市体育局副局长罗文桦，青浦区委常委、统战部部长孙挺，青浦区委常委、宣传部部长姜道荣，青浦区人民政府副区长王凌宇，青浦区政协副主席董永元等领导和嘉宾出席仪式。青浦区人民政府副区长王凌宇、上海市体育局副局长罗文桦分别致辞，主席台领导和嘉宾为龙舟点睛，国家体育总局社会体育指导中心副主任杨善德宣布开幕。青浦区体育局党委书记、局长张瑞云主持仪式。2018 年恰逢上海世界华人龙舟邀请赛十周年，现场气氛格外热烈喜庆。岸上色彩斑斓、栩栩如生的龙狮与水上劈波斩浪、勇往直前的龙舟遥相呼应，共同向全球友人绽放中国传统文化魅力。此外，活动本着以人为本的理念，让所有远道而来的新老朋友在赛场过了一次"走红毯瘾"，夸张的肢体动作、搞怪的造型艺术，场面堪比"奥斯卡"，现场欢声笑语不断。近年来，随着中国文化影响力的不断提升，越来越多的国外友人渴望了解中国，希望打开认识中华文明的绚丽之窗，为此，主办方特地在赛场安排了青浦民间民俗文艺展演，传统中医、烙画、龙凤书法、手工老布扇、古琴、茶艺、上海灯彩、茭白叶编织等非遗和青浦特色项目展示和体验，让运动员在志愿者的引领下了解中华文化和青浦当地民俗，增进彼此的沟通、交流和友谊，成了赛场上一道靓丽的风景线。随着一声号令划破长空，一条条一字排开的龙舟乘风破浪，湖面白浪翻腾，各支队伍豪气风发，恰似翻江蛟龙。刹那间，浪花飞溅、龙旗飘扬、龙舟飞驰，在一片锣鼓声、呐喊声、欢呼声中向终点飞驰。经过激烈的较量，最终，意大利华人龙舟队、俄罗斯旋风龙舟队分获 12 人龙舟 A 组、B 组第一名，吴江区龙舟队获得长三角友谊赛第一名。

报道中指出，青浦区作为"中国龙舟之乡"，多年来致力于推动龙舟运动的普及与发展。上海世界华人龙舟邀请赛是青浦"一区一品"的国际性重要赛事，已连续成功举办九届，在全国乃至国际已颇具盛名。2018 年赛事规模进一步扩大，比赛项目也更加丰富，除了往届的 12 人小龙舟外，新增相对更专业的 22 人大龙舟竞速赛。此外，还邀请了嘉兴、昆山、吴江、嘉善队伍参赛，旨在进一步促进长三角地区体育文化交流互动，助推长三角一体化发展。本次比赛由国家体育总局社会体育指导中心、中国龙舟协会、上海市人民政府侨务办公室、上海市体育局、上海市体育总会、青浦区人民政府主办，上海市龙舟协会、青浦区人民政府侨务办公室、青浦区体育局、朱家角镇人民政府承办。①

应该说政府部门对"上海世界华人龙舟邀请赛"的重视，对于弘扬中国优秀的传统文化具有重大的意义。但把龙舟赛作为青浦区"一品一区"项目是值得商榷的。龙舟赛在我国有悠久的历史，广东、湖南、湖北等省都已形成品牌，青浦区有龙舟赛的传统和群众基础吗？

---

① 参见 http://www.sh.chinanews.com.cn/tiyu/2018-09-22/45341.shtml、http://mini.eastday.com/a/180922132622626.html 等。

为什么不把人力、物力和经费投入到岌岌可危的摇快船活动，反而投向了毫无地方特色的龙舟赛？应该说，在青浦尤其是环淀山湖地区摇快船既有久远历史、深厚的群众基础，更具地方特色（源于独特的地理环境而形成的传统）。龙舟赛把摇快船完全排除在外，地方特色全失。

其次是经营模式不善。政府的资金投入、宣传力度、政策支持不够，导致朱家角旅游业并没有被充分挖掘。旅游公司接手朱家角镇旅游开发项目时没能对民间摇快船活动的潜力做出正确的评估。导致朱家角摇快船民俗知名度不够高；同时，财政补贴不够，导致船员的薪酬一直无法得到提高改善。

在走访过程中我们了解到，朱家角镇刚开始将摇快船作为水上旅游项目时曾经受到游客的喜爱。朱家角镇的快船，并不像其他镇的毛竹快那样狭小，中舱能够容纳一个丝竹班，所以旅游公司腾出中舱的位置专供游客们体验。但随着时间的推移，参与体验的游客逐渐减少。

四、市场需求减小

摇快船活动的形式来源于青浦地区繁荣的水路客运。以前公路不发达，水乡农民到镇上都靠摇船。运输用大船，出行用小船。摇船在当时是水乡人最基本的一种生存技能。现在因为交通条件改善，摇船不再是当地居民的主要出行方式。以前摇快船的船手都是村里的年轻壮汉，平时在家务农，等到有需要的时候就临时组成一支队伍。如今摇船需求减少乃其一，旅游业发展面临困境导致游客需求不够大乃其二，此两点共同导致了市场需求的减小。游客需求不大，这一点容易解决。政府可采取加大宣传力度、补贴力度、改善管理方式等措施，在短期内即可解决。而交通条件改善在给人们出行带来便利的同时，也导致当地原有的水乡特色受到极大冲击。这一点需要加以详细、充分的考虑。

　　除此以外，最大的原因还在于摇快船活动的本地受众减少。从上文可见，摇快船并不是单纯的一项民间运动，而是庙会上的一个重要环节。20世纪50年代以前，快船参与的表演非常多，例如赶庙会、少年成人庆会仪式、喜庆节日、民俗节日、请老爷出会等。但是1949年以后，许多庙宇或是被拆毁，或是被征用。青浦地区的民间信仰渐渐走向衰颓。摇快船本是当地居民的一种自发的活动，寄托着当地居民朴素的愿望。随着三官堂等建筑受到毁坏，无疑会对摇快船这一民俗产生冲击。庙会是四邻八乡聚集的时刻，大家在庙会上采办用具、食品、儿童玩具。在庙会上，快船能得到人们的呐喊喝彩。没有了庙会，快船表演也没有了观众，自然渐渐衰退。

　　科技进步带来了便利，也不可避免地导致了社会风气的改变。若干年前，朱家角地处上海郊区，生活节奏还比较慢，摇快船在当时象征着一种美好而朴素的文化因子，寄寓着水乡人对美好明天的向往。但城市化在带来经济腾飞和人民生活便利的同时，也使得乡村生活节奏越来越快，那种古老而宁静的生活早已不复存在。

第二节　对策与建议

　　特定的地理环境孕育出特定的民俗文化。随着时代的变迁，地理环境的改变，很多旧有的民俗活动不可避免地会走向衰落。例如前文指出的，以前公路不发达，水乡农民到镇上都靠摇船，摇船在当时是水乡人最基本的一种生存技能。然而现在因为交通条件改善，摇快船不再是当地居民的主要出行方式，而只是一种了解过去生活的方式。承认其衰落的必然性，我们方可以试图达到一个动态的平衡，在"变"的大环境下找到"不变"的因子。亦即，承认其衰落的不可避免，并在当下社会生活中找到其新的独特的位置。

一、发展优势

1. 交通便利

淀山湖区域位于长三角的中心地带，作为上海的西部门户，与浙江省嘉善县、江苏省吴江市和昆山市接壤。其中，朱家角拥有淀山湖的水域面积为 45.72 平方公里，镇内镇外河港交错。镇内的淀浦河、朱泖河直通黄浦江，并连通太湖水系。水运航道宽阔，四通八达。朱家角镇为交通枢纽，交通极其便利。因此，朱家角是江、浙、沪两省一市交通要枢，地理位置十分优越。

朱家角境内公路密布，北通沪宁高速公路，南接沪杭线 320 国道，有沪朱、青平、青枫等公路线，东靠虹桥国际机场，北连昆山，南接嘉兴，西通平望、淀山湖下游、黄金水道漕港河穿镇而过。

随着轨道交通 17 号线开通，淀山湖区域可以通过更加快捷高效的现代化交通工具与上海虹桥交通枢纽相连接，更加方便人们来往上海市区与西郊东方绿舟、朱家角景区之间。便捷的交通设施为旅游业发展提供了天然的优势。

2. 生态旅游资源丰富

淀山湖是上海境内最大的天然淡水湖泊，为国家级水利风景区，是上海黄浦江的源头。湖面南北向长 18 公里、东西向宽 9 里，总面积 63.7 平方公里，相当于西湖面积的 12 倍。环淀山湖周长约 35 公里，沿岸的村落范围涉及江苏、浙江、上海。

淀山湖风光旖旎，经过多年的发展，现在已经成为上海西郊著名的旅游胜地。据 2013 年青浦区旅游局调查表明，淀山湖区域共有优良单体旅游资源 36 个，包括人文旅游资源 14 个，自然旅游资源 22 个。淀山湖旅游风景区为朱家角镇提供了丰富的生态旅游资源。

　　朱家角古镇位于上海西郊，上海中心城区对其有巨大的辐射作用。如果说九百年的水镇周庄小巧精致、似小家碧玉，而千年古镇朱家角则有大家闺秀的风采。朱家角古镇面积达 1.5 平方公里，是周庄面积的三倍多；更有青砖黛瓦的明清建筑及众多的历史遗迹。"小桥流水天然景，原汁原味明清街"，名镇朱家角历史源远流长，数千年前即有先民在这里繁衍。名镇朱家角迷人的自然风光，真山真水显现出江南水乡之特色，这里的天然外景被许多影视导演一次次搬上银幕，朱家角成了海内外影视竞相拍摄的热点，被人称为"沪郊的好莱坞"。从 20 世纪 90 年代开始，在市、县、镇三级政府的共同努力下，朱家镇旅游业已打下坚实的基础。2001 年在市、区两级政府的推动下，朱家角镇组建了上海朱家角古镇旅游发展有限公司，管理古镇旅游发展事务。2010 年 3 月，青浦区委、区政府启动"一城两翼"发展战略，朱家角古镇被纳入淀山湖国家旅游度假区创建区域范围。2010 年 5 月，旅游业成为朱家角镇的支柱产业。

朱家角的河与游船（吴越晴红摄于 2019 年 7 月）

3. 人文景观资源

淀山湖区域自然资源丰富，人文景观也独具特色，而且种类丰富，样式繁多。就总体来说，民间音乐、民间曲艺以及民间舞蹈都是青浦文化中独居地方特色的代表。

青浦地区的民间音乐从前分为丝竹音乐、吹打乐和宗教音乐，著名的曲目有《十番锣鼓》《水锣经》《五龙船》《春日景和》《风入松》等等。在1986年—1987年全县的文化遗产普查中，搜集整理了民间器乐曲66首，其中丝竹乐曲28首、吹打乐15首、宗教乐曲31首，编成《上海市青浦民族民间器乐曲集成》一册。①

同样丰富多彩的还有青浦地区的民间舞蹈，现已收集、整理的有34种。其中民间喜庆舞蹈有龙舞、调狮子、蚌舞、摇快船、划龙船、毛竹船、花快船、姨婆船、拳船、滚灯、窜马灯、跑马、筷子舞、跳加官、茶担舞、荡湖船、打莲湘等；与民间信仰相关的舞蹈有飞闹钹、扎香、挑私盐、牛头马面舞、孟姜女过关、手指舞、文拜香、武拜香、抬角等，杂耍性舞蹈有钢叉、牛角、月梭、高跷等。②

青浦劳动人民中间流传的还有青浦田歌、青浦山歌。青浦田歌的历史悠久，有固有的曲调，内容反映的是劳动人民的生活、劳动与爱情，表达普通百姓的情感与理想。在20世纪，青浦地区的民间歌手们结成田歌队，在国内获得过多次大奖。2005年，青浦田歌被列为上海市非物质文化遗产保护项目。③

此外，流传在青浦地区的民间曲艺主要有评弹、钹子书、打唱、

---

① 王宏刚、袁鹰主编：《民俗上海·青浦卷》，上海文化出版社2007年版，第138页。

② 王宏刚、袁鹰主编：《民俗上海·青浦卷》，上海文化出版社2007年版，第145页。

③ 王宏刚、袁鹰主编：《民俗上海·青浦卷》，上海文化出版社2007年版，第166页。

金泽雪米村宣卷演出（曲啸宇摄于 2011 年 7 月）

宣卷和锣鼓书等，民间美术还有农户灶壁画、水印版画等等。这些民间艺术都是生发于淀山湖区域，既具有水乡湖荡的韵味，也具有商业城镇的精神面貌。

从青浦区申报的非物质文化遗产项目的数量上，以及我们从老人们的口头描述中，都能发现青浦区所蕴藏的丰富的文化景观。青浦区的民间文艺活动十分活跃，加上朱家角镇的民俗资源与生态资源，都为青西地区发展生态旅游业提供了种类繁多的"原料库"。

二、具体措施

青浦地区的旅游资源非常丰富，种类繁多且生动有趣，从民间舞蹈、民间曲艺到民间体育与武术项目，可谓蔚然大观。但是在前十几年的旅游开发与文化事业保护中，这些充满地方色彩的文化景观并没有得到充分的利用，也没有得到有效的保护。根据调查与采访，我们希望能提出一些切实有效可行的方案，促进青浦地区旅游业的发展，为我们的后代保留优秀的传统文化资源。

在对非物质文化遗产项目的保护上，一味地要求"原生态"只能加快文化"遗产化"的速度，因此，我们希望能够让摇快船庙会等传统活动在保留传统风貌的同时也能在新时代焕发出新的光彩。为此，2018年7月，复旦大学、青浦区文化馆合作，设立复旦大学书院教育实践基地，利用寒暑假时间，复旦大学师生对青浦区的文化资源进行专题调查。通过实地调查提出一些合理化建议。

（一）保护现有文化资源

1. 传承人口述调查

在我们的调查中发现，有关于摇快船活动的文字资料非常少，大多保留在县志材料、民间体育项目的介绍中。即使是介绍到快船项目，也往往只是只言片语。其次，无论是近古时期的县志中还是在现代的民俗项目介绍中，往往只侧重于介绍摇快船民俗动的一个侧面而已。受时代背景与记述者的知识背景的影响，在这些材料中，对摇快船活

2018年7月5日，复旦大学书院教育实践基地成立（由青浦区文化馆提供）

动的完整面貌以及其与民众生活之间的关联，记载都不甚清楚。

从笔者前文所述，摇快船民俗活动是环淀山湖地区一项传统的民间活动，但在举行的时候带有浓重的信仰色彩。在近古至民国时期的地方志中，往往作为一庙之庙会附属出现在庙记中。加上县志作者更注重地方历史，因此，在县志中的摇快船项目只是一些依稀的剪影，没有更加详细的记载。近现代以来，民间信仰活动又受到"封建迷信"的话语侵占，因此作为庙会活动的摇快船只能作为民间体育项目、民间舞蹈项目记载在当地的风俗记中。在风俗记中的摇快船活动偏重记载人数配置和体育比赛形式。以上两种主流材料虽然为我们提供了宝贵的原始材料，但是由于编写目的的不同，都无法展示摇快船活动的整体面貌。

20世纪80年代，摇快船活动在环淀山湖各地都有恢复，因此在同时期编写的村志、镇志中有比较翔实地记载。我们可以从当地地方志办公室撰写的村志中看到，在环淀山湖地区，以"快船"为载体，几乎连接起成了当年青浦民众一年的生产生活、娱乐生活以及民俗生活。比如结婚要用到"亲船"，去别地祈拜用的是"香船"等等。"快船"还是其他青浦地区传统非遗项目的载体，如船拳、丝竹、牛角舞等等，虽然也可以在其他民俗情景下表演，但快船始终是它们比较重要的表演场合。其次在各地的摇快船活动记载中，我们发现环淀山湖地区的快船活动具有"相互"的倾向。每年七月到九月就是淀山湖区域各地"香汛"集中的时期。一到庙会时间，各地都会派遣船只到举行庙会的村镇参加"香汛"并参与庙会举办的摇快船活动。这些村志、镇志提供了非常可贵的资料，但由于各地村志的编写体例使得他们注重对地方事务的记载，无法顾及其他地方的情况。由此可见，以上三种主要记载摇快船活动的文字资料都还没有完整地呈现其民俗生活的面貌。

文字资料较少，本书大部分的资料都是由参加过摇快船的船手与

20 世纪 80 年代参与恢复快船活动与庙会活动的老先生们口述提供。由于摇快船活动在 20 世纪 50 年代逐渐走向衰微，以前摇过快船的船手都已高龄，他们可能是经历过最后一代摇快船的船手，参加过摇快船比赛，也参加过三官堂、石人庙的庙会。在我们访谈的过程中，老人们说起以前摇快船的经历都神采飞扬。对于那一代的老人们来说，能为本村摇快船，并在庙会中拔得头筹都是值得骄傲的事情。但是由于时隔多年，许多老人的记忆开始模糊，很多细节处都没能说清。因此，对于摇快船的传承人口述史的普查式记录与深度记录都显得刻不容缓。

因此我们应该对这些经历过摇快船的最后一代船手进行口述史的调查，完整地将摇快船的生活意义呈现在大众面前。口述史的内容应该包括：

（1）集体生产生活

"快船"这种活动形式并不是所有江南水乡地区都会生发的一种活动形式。从嘉兴踏白船的历史起源我们可以看到，他们要求船快是与蚕桑产业紧密相关的。俗话说"救蚕如救火"。正是蚕桑养殖过程中对速度有物质上的需求，所以在三月祭祀蚕花娘娘的仪式中催生了"踏白船"这种竞技形式。

因此，摇快船虽然是祭祀仪式中的一种比赛船，但是溯其根本，还是与当地的生产生活脱不开关系。只有在水网密布与特殊产业两者条件相结合的过程中，才能催生出"快船"这种形式的盛会。

在我们走访环淀山湖地区的过程中，我们能从一些老人对以往的回忆中发现摇快船活动与蚕花娘娘的崇拜有一些联系，说明环淀山湖地区的蚕桑养殖业也成一定规模。也有可能是环淀山湖地区有其他产业，比如粜米、棉花等商业。

总之，目前对环淀山湖地区的传统行业的档案资料不多，现有史料方志多集中叙述环淀山湖地区的集镇的商业发展，多将环淀山湖地区的几个集镇作为上海市的延伸，而忽视了传统农村的生产生活方式。而事实上，摇快船等民俗活动生发的基础就是农业活动。

（2）神社庙会记忆

生产方式为摇快船活动的形式提供了物质基础，但是真正催生摇快船活动的还是当地的祭祀仪式。我们可以发现，在当地老人的口述回忆中，快船与庙会紧密结合在一起。

首先，传统中国的农村以农业生产为主要产业，农业生产最关键的因素就是气候，农事需根据时令推进。为了祈求上天风调雨顺，获得丰收，农民对在农业生产中的祭祀活动格外重视。因此，神诞仪式所建构的节庆轨迹几乎就是农村生活的日历表，一年之中的农事安排、红白喜事都是根据这一轨迹行进的。

其次，传统中国农村以农事谋生为主，农民们的收入并不多，一些节庆安排都需要各家各户一起捐钱，共同举办。作为一个长期组织统管"公财"、庙产的组织往往在节庆日根据安排与惯例到每家每户收取钱物。这不仅是大家信得过作为祭祀神祇"弟子"的庙产组织，更是因为这种组织方式让农民们相信自己所属的村落已经被纳入了神明保佑的范围之内，是一个祥瑞好兆头。

最后，庙宇中间的大天井往往是一个村落中最大的公有的空旷地。这块空旷地往往是大家聚集所在。

同时我们要注意的是，在粮食并不富裕的传统中国农业社会，农民们愿意拿出自己为数不多的口粮进行信仰祈拜与庙会赶集活动，并不是单纯的宗教迷信或利益为上的功利性娱神等原因能够驱动的。民间信仰活动在农民社会中不但承担着精神抚慰等宗教的积极影响，也承担着社会性需求，其中对农民影响最大的包括生活规律与生活秩序的地方性知识，以及社会交往、社会互动的需求。因此庙宇社区组织作为传统中国一个重要的乡土组织，承担起村里经济、祭祀等大大小小的事务。在淀山湖区域，每逢庙会，环湖各地的庙宇组织就需要负责村落中的摇快船事务。摇快船活动的筹备涉及祭祀、租用船只、收取钱粮等一干事务，庙宇组织正好有能力也有信誉完成。所以在摇快船活动中，无论是从精神上、信誉上还是经济活动的筹备组织上，环淀山湖地区的"村社""社庙"组织显得非常重要。但是随着 20 世纪拆庙运动，环淀山湖地区，尤其是青西地区自然村中的小社庙几乎被拆毁殆尽，有关摇快船的地方知识也随着社庙的拆除而渐渐消散。

对社庙的口述史调查能够为我们更加立体地展现摇快船活动，这些活动对农民的生活，无论是世俗生活还是祭祀生活，都有很大的帮助。调查也能为我们更好地了解摇快船活动对当地人的意义。

（3）家族摇船荣誉

目前青浦区以及江苏南部、浙江北部各县市的"摇快船"非遗项目传承人多是当年当地最年轻的摇船手。从几位老人的叙述中，我们可以看到，摇船需要很大的力气，也需要一定的技巧。父子相习，加上个头身材的遗传因素，优秀的摇船手多在家族中集中出现。比如蒋仰其先生就提到他的父亲和叔父都是很优秀的快船手，同时也是干农活的好手。同时，家族中集中出现快船手这一现象也是对这个家族男丁的一种认可。因此为了丰富摇快船口述史的历史传承性，以及深入了解摇快船对特定家族的意义，我们应该注重对一个"快船家族"的深入挖掘。对"快船家族"的深入挖掘，不但能够使我们深入对"快船比赛"这一比赛形式的正确认识，也能够丰富我们对快船项目与淀山湖区域农事生活之间的关系的认知。

2. 青浦地区传统文化项目普查式调查

摇快船活动不仅仅是快船比赛，快船上还会有很多的表演，比如船拳、丝竹等等。在翻阅青浦区"非遗名录"时我们发现，这些作为"快船文化"的延伸活动的民间体育以及民间工艺项目，与"摇快船"

一起，同为青浦地区的非遗项目。因此，对青浦地区的非遗项目可以做一个"普查式"的调查，详细地对这些非遗项目进行描述，对于我们完整地展现青浦丰富的摇快船文化有很大的帮助。以下是《中国民族民间舞蹈集成·上海青浦县分卷》中收录的与庙会文化、快船文化紧密关联的青浦文化遗产名录：

舞蹈名称	简　　　　介	流传本县地区
断龙	久旱求雨，新春自娱活动	凤溪、赵巷
滚灯	庆丰收取乐	凤溪
蚌舞	正月半灯会，渔翁捉蚌	凤溪、练塘、小蒸、蒸淀
钢叉	武术性舞蹈，迎神庙会活动	凤溪、朱家角镇乡
月梭	武术性舞蹈，迎神庙会活动	凤溪
牛角	武术性舞蹈，迎神庙会活动	朱家角乡
板凳龙	以板凳作龙，欢度春节	凤溪
筷子舞	两把筷子敲、舞，乞讨	朱家角镇
高跷	庙会，行街，扮地戏	朱家角镇、赵巷
跳加官	春节以财神送宝取吉利	遍及全县各县各乡镇
荡湖船	春节灯会，迎神庙会制船	青浦镇、朱家角
摇荡橹	灯会，一支橹二人演	商榻、金泽、盈中、华新
飞闹钹	做道场中，闹钹在手指飞舞	徐泾
牛头马面舞	迎神庙会，行街中活动	金泽
孟姜女过关	迎神庙会，行街中活动	金泽、凤溪
扎香	迎神庙会，行街中活动	金泽、盈中、重固
挑私盐	迎神庙会，行街中活动	金泽、盈中、重固
莲湘	春节自娱性活动	金泽、盈中、蒸淀
窜马灯	春节自娱性活动	小蒸、蒸淀、练塘

舞蹈名称	简　　介	流传本县地区
跑马	春节自娱性活动	盈中
调狮子	迎神庙会，一人一狮	赵巷
双人龙	二人一龙，春节活动	大盈、朱家角镇
手指舞	道教做法事，舞动手指	凤溪
茶担舞	嫁娶喜庆，厅堂送茶舞	重固、大盈、赵屯
跳板茶	嫁娶喜庆，在上船送茶时	凤溪、盈中
文拜船	迎神庙会，三步一叩敬神	凤溪、盈中、白鹤
武拜船	迎神庙会，有武术性保护神	重固
招角	迎神庙会，有武术性保护神	白鹤
摇快船	庙会，有丝竹、锣鼓、快船赛	朱家角、金泽、练塘
拳船	庙会，有丝竹、锣鼓，船头有武术	朱家角乡
龙船	庙会，有丝竹、锣鼓，船窄人少比赛快	商榻、沈巷
毛竹快	庙会，有丝竹、锣鼓，用毛竹扎船比赛	商榻
花快船	庙会，有丝竹、锣鼓，用花绸装饰船只比赛	商榻
姨婆船	吉庆佳节，彩船有音乐有表演	金泽、商榻

　　从这份长长的名录中，我们能发现这些民俗都是生发于青浦、生发于淀山湖独特的地理位置之上的。上表中所列的民俗形式，尤其是关于"船"文化的名目简介，对比实际走访所得的村民自述，我们发现，许多民俗形式，尤其是与船相关的民俗活动，都有相互影响的影子。舞蹈、船体形式、比赛竞技、宗教活动等等相互影响，形成现在我们能够看到的摇快船民俗景观。另外，我们不难发现，许多文化遗产是青浦区各个村庄集镇共同拥有的民俗景观，许多舞蹈、竞技比赛等享有相同的生活基础，而且有些是在同一民俗活动中呈现的，实在为一个整体。

3. 民俗博物馆

博物馆的三大基本功能是保护、陈列和展示。博物馆因为它的功能为保存这些民俗文化遗产提供绝佳的场地。在博物馆中，陈列的收藏品可以在一定的湿度与温度中更长久地保持它的原状；同时，人们可以通过观赏而得到相关的地方风情、审美体验、历史知识以及人生感悟。目前，中国现存的各项文化遗产都受到现代生活方式的冲击，许多传统技艺都面临绝迹的危险。随着 2004 年我国加入联合国教科文组织保护《非物质文化遗产公约》，2011 年全国人大通过《中华人民共和国非物质文化遗产法》，近年来我国的文化遗产保护工作取得了显著的成效，全国许多县市都建设了具有当地特色的民俗博物馆，希望通过保存、展示民间艺术品与民俗实物来保留当地的历史记忆。

历史博物馆以展示文物为主，民俗博物馆以展示文化空间为主，布展侧重于对文物等物质文化的阐释，为观展者构建一个特定的时空以展示一个合理的文化生活横截面，通过文物等物质文化的布置展示深层潜藏在人们心智与精神中的非物质文化 ①。

民俗博物馆现在是保存、展示地方非物质文化遗产的重要方式之一。民俗博物馆在布展格局上，与一般的书画或历史博物馆最大的不同点在于，它是根据某一特定主题进行布置的，因此它更能体现地方特色与民俗遗产的特色。因此近些年来，全国各地都有兴建民俗博物馆来保护各项物质与非物质文化遗产。现在，庙会和舟楫出行都已经淡出了现代青浦人民的生活。为了保留这一传统活动的面貌，光靠口述史与文献记载是不够的，还要有实物的展示。

民俗博物馆往往以情景来布置实物，配以文字说明。它最大的优点是能够直观地呈现各个民俗器物的样式和功能，以直观的方式呈现

---

① Jan Harold Brunvand. American folklore: an encyclopedia. New York & London: Garland Publishing, 1996:575.

民俗活动的整体风貌。但是静态展示无法充分满足人们对当地民俗的体验需求，无法充分想象当地民俗的盛况。因此，影像展示也是民俗博物馆的重要组成部分。在影像展示厅，我们可以播放老人们的访谈录像剪辑、摇快船的录像以及快船制作的录像等等。除了录像，还可以展示青浦老照片等。利用现代的科技，我们可以让这项传统的民俗活动以鲜活的方式呈现在人们眼前。

与摇快船相关的民俗丰富多彩，与船相关的有船只、橹、桨，与装饰有关的有彩棚、彩布、彩灯、船手们统一穿着的彩衣；与快船表演相关的有"着水"动作、船拳表演，以及鼓乐、丝竹乐。总而言之，摇快船可以作为环淀山湖地区核心的民俗事项进行展出，一方面摇快船是各地民俗表演的一种综合形式，大多数民俗表演都能在摇快船活动中找到自己的位置；另一方面，摇快船活动是环淀山湖地区，乃至浙江、太湖地区的一项普遍存在的民俗活动，作为一个地区的景观，是苏浙沪三地共有的名片。

民俗博物馆可以为游客提供了解青浦文化与浙江、江苏、上海三地关联性的一个窗口，是旅游体验的重要内容。此外，民俗博物馆作为非营利性的教育机构，可以为青浦区的中小学课外教学提供场地，让中小学生在博物馆中了解家乡的民俗特色，这也是文化教育非常重要的一环。

4. 提供具有民俗风情的服务

民俗博物馆与口述史调查，都是为摇快船活动保留历史资料。摇快船活动目前最大的问题是无法进行活态传承。现仍健在的船手们均已高龄，后继又无船手。现存的快船船体也损伤很大。究其原因，是摇快船活动在当下逐渐成了舞台表演形式。摇快船表演除了作为旅游观赏项目，无法与现代生活融合，无法产生足够维持船手劳动与船体维护的经济效益。为此，我们必须找到一种既能够符合现代生活的传承形式又能够继承传统形式的传承方式。依据上文所述，摇快船在日常生活中的使用途径大致可以分为"祭祀用途"、"婚庆用途"与"节庆用途"。在现代社会，摇快船活动的"祭祀用途"几乎消失殆尽，但是后两者——"婚庆"与"节庆"作为传统的民俗风情，在现代社会仍有广大的乡土基础。只需要稍加引导，就能在市场中发挥出它巨大的魅力。

我们能够为摇快船项目寻找到活态继承与发展的道路的基础在于，摇快船民俗项目生发于民间、扎根于民间，蕴含着劳动人民的智慧与知识，并且符合劳动人民的心理需求，甚至直到现在，还指导着当地农业生产活动。即便往昔摇快船项目所依托的香汛已经不复存在，但是由香汛固定下来的农业生产轨迹还保留在村落的生产记忆与历史记忆当中。

摇快船民俗活动作为广大劳动群众一种表情达意的方式，往往在婚庆、节庆等重大喜庆场合作为压轴的重头戏出现。在历史上，环淀山湖地区的农民们在家有喜事时邀请快船，大家一起热热闹闹地度过喜庆的日子。即使在当代社会，摇快船在节庆、喜庆大事中发挥的娱乐功能仍保留了很大的生命力。我们从老人们的叙述中发现，即使作为摇快船活动所生发、依托的民俗背景——庙会活动在中华人民共和国成立后逐渐消失，在中华人民共和国成立十周年与人民公社成立时，环淀山湖各地都有依照旧例集中举办过摇快船活动。可见，摇快船活动是环淀山湖地区喜闻乐见的一种民俗形式。普通的劳动人民能够在摇快船这一民俗活动中共同传达出喜悦、欢乐的情感。因此，要在现代社会最大程度上发挥摇快船的生命力，我们应该将强调它在喜庆、节庆中的重要作用。

现在，人民的生活水平越来越高，改革开放四十年来，民众也逐渐意识到了传统文化的重要性，都在自觉或不自觉地回归到传统的审美形式上。这也就意味着，恢复摇快船活动具有巨大的潜力。各地的民俗文化构成我们中华儿女最基础的审美观念。自从党的十八大以来，习近平总书记在多个场合讲话中提到"文化自信"这一概念，表达了对传统文化、传统思想价值体系的认同与尊崇。对民俗文化的看重，是"文化自信"落地生根的一种重要方式，这种方式代表着当地民众对传统文化对民俗文化的一种认同。

在环淀山湖地区走访的过程中，我们了解到已经有县市率先将摇快船提供给附近镇市的群众作婚庆所用。周庄地区为周围群众提供民俗风情服务的情况，对摇快船活动在环淀山湖地区的活态传承保护形式提供了可以借鉴的先例。周庄旅游公司负责人怀大成先生告诉我们，近几年，人民的生活水平越来越高，结婚嫁女反而更喜欢用传统的婚礼，不再一味追求西式的婚庆典礼。许多人家在结婚会向旅游公司租用快船与船手，使用传统的方式，将接新娘子的轿子与嫁妆放在船头，通过水路摇一圈快船，最后到达新郎家。这种接亲方式在当今以西式为主流的婚庆流程中较为新颖少见，并且摇快船这种符合当地审美的传统接亲方式一经出世，便受到民众的喜爱。目前，在周庄地区，以摇快船方式接亲已渐渐流传开来。由此可见摇快船在市场中的生命力。

使用快船接亲的形式在周庄地区日渐发达，负责人告诉我们，近两三年，每年都有大约八户人家向旅游公司预订快船，一次接亲的费用在 2000 元左右。这笔费用可以作为维修快船的费用，也可以用于结算船手一天的劳动所得。作为接亲船的摇快船是一种喜闻乐见的形式。老人们告诉笔者，每次快船接亲，岸边都有大批围观的群众拍照，其中还有不少外国友人。因此每年来预订快船作为接亲船的人家也越来越多。

溯其根本，摇快船活动作为接亲船还能够在现代社会传承下来，一方面自然是因为摇快船本身符合当地的审美观念，更重要的是，"结婚"依然是现代人生活中的一项重大事件。正如上文所述，摇快船活动生发依托的是环淀山湖地区特有的生产生活环境与民间信仰环境。在现代社会，传统的农业劳作方式与传统的祭祀活动已经退出人们的生活舞台。唯独婚礼依然是每个家庭每个个人生活中一件大事。因此，摇快船民俗活动作为婚庆接亲用船一方面延续了传统快船作为"亲船"的传统，另一方面也迎合了当地人对婚庆"热闹""喜庆"的审美需求，两者相互结合是摇快船活动在当代延续的基础，使摇快船活动与市场相结合，保持摇快船能够活态传承下去。

（二）提升景区知名度

1. 举办体育活动

环淀山湖地区水网密布，朱家角36座古桥更是古朴典雅。近些年来我们可以看到青浦地区举办了多次运动会，摇快船项目正是青浦区运动会上闪亮的一幕。热闹的体育赛事一方面可提升景区知名度，吸引更多游客，另一方面可动员全民参与，唤醒当地居民尤其是年轻人对这一传统运动的热情。

根据文化站提供的资料，青浦区运动会上，摇快船项目很好地保持了它原有的竞技性质。但是笔者认为，摇快船除了作为一项竞技体育运动，还应该突出它原本在民间状态下的审美性，比如船体的艺术性、船手动作的艺术性等等。因为摇快船对船手力气的消耗极大，"出俏"等动作又具有一定的审美性，所以相关文体部门在对参赛人员的摇快船培训时，除了请专业的体育指导以免使船手在训练过程中肌肉劳损过度等之外，还应该请以前的老船手对参赛人员进行动作指导。

在缺少摇快船传承人的情况下，相关文体部门尤其要重视对摇快船参赛人员的培训，兼顾其竞技性与艺术性、科学性与审美性。为了做到这一点，相关文体部门首先应深入青年人队伍，接收年轻的比赛船手。可以在青浦区的初中高中的体育特长生课程中加开摇快船课程。其次是开展体育运动的训练营。

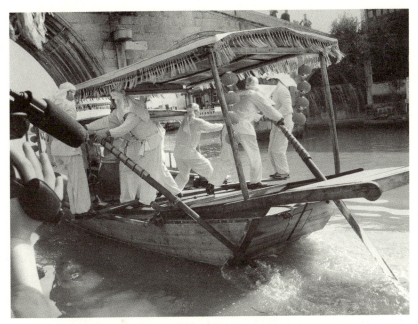

大橹与扯绷手的配合（由青浦区非物质文化保护分中心提供）

2. 举办与摇快船民俗相关的文化赛事

自古以来，江南水乡的清秀典雅便撩动了无数文人墨客浪漫的情思。"骏马秋风塞上，杏花春雨江南"，"人人尽说江南好，游人只合江南老"，"江南可采莲，莲叶何田田"等等。在妥善保护原有自然景观的前提下，朱家角镇可以举办与摇快船民众相关的诗词大赛、书法大赛等文化赛事。一方面，可以提升景区知名度，吸引更多游客；另一方面，可以吸引媒体的报道，也有利于对摇快船民俗的传承，可以为传统水乡增添一些现代特色。

3. 举办民间美术赛事

我们可以看到摇快船活动中除了体育赛事，还有与民间美术相关的快船装饰、丝竹等文艺形式。如今，组织恢复摇快船活动，为了吸引更多的青年人参与到这项文化娱乐活动中，可适当举行美术赛事。

与摇快船相关的民间美术形式有民俗舞蹈、民间音乐与戏曲演唱等。

举办美术赛事，扩大摇快船活动的影响力，增强摇快船旅游的知名度，民间美术和摇快船一起共同构成青浦地区民间文艺的景观图。

（三）完善景区管理机制

体育局、文化中心、旅游公司等应当明确自己的职责，相互配合，相互协调。笔者以为，各政府部门可以成立一个统一的领导小组，以系统管理摇快船民俗的传承与发展。当然，仅仅依靠政府力量来传承是不够的。若要做到真正的可持续发展，还需要发挥市场在资源配置中的决定性作用，充分挖掘朱家角的旅游资源，以旅游资源来推动摇快船这一民俗活动的传承。

党的十九大提出："坚持人与自然和谐共生。建设生态文明是中华民族永续发展的千年大计。必须树立和践行绿水青山就是金山银山的理念，坚持节约资源和保护环境的基本国策，像对待生命一样对待生

生态文明和谐的水网乡村——朱家角（岳弋琳摄于 2019 年 7 月）

态环境，统筹山水林田湖草系统治理，实行最严格的生态环境保护制度，形成绿色发展方式和生活方式，坚持走生产发展、生活富裕、生态良好的文明发展道路，建设美丽中国，为人民创造良好生产生活环境，为全球生态文明作出贡献。"政府要大力推进生态文明建设，加快形成生态文明制度体系，逐步健全主体功能区制度，积极推进国家公园体制试点，以促进当地旅游业的持续发展。

结语

　　民间艺术生发于广大劳动人民的生活世界。民间艺术与生活无论在内在结构还是在外观表象上都有着千丝万缕的联系。民间艺术不仅是每个地方特有生活方式的重要组成部分，而且与其他的民俗形式紧密联系在一起，成为当地民众生活中不可缺少的组成部分。作为民间信仰、民间舞蹈、民间体育三位一体的摇快船民俗活动无疑是环淀山湖区域最具有传统价值与地方特色的文化遗产。摇快船活动在环淀山湖地区的农民生活中扮演着重要角色，有着丰富而立体的意义。

　　摇快船民俗活动是环淀山湖地区人民生活世界的重要组成部分，其形式本身就来源于环淀山湖地区傍水而居的生活，从环淀山湖地区利用湖荡水网运送稻米蚕桑的生产生活中应运而生。最初是为满足人们出行运输的生活需求，渐渐转化成为一种娱乐的精神需求。

　　摇快船活动举行的庙会仪式有特定时间的，这些时间的规律性造就了环淀山湖地区独特的节律观念。这些节律观念又与环淀山湖地区独特的农耕劳作节律息息相关。三月轧蚕花，四月五月待青苗，七月八月农闲集会……正月过年，这些时令与庙会仪式的循环往复，构成了传统农耕社会一个完整的生产周期。

　　摇快船活动还见证着环淀山湖地区每一个生命个体的成长。结婚时快船摇动溅起的白浪、群众的呐喊声、丝竹班悠扬绵长的乐声与喧天的锣鼓声，与一个个具有乡土色彩的、丰富而多姿多彩的人生轨迹融合在一起，融进每个农民家庭的幸福记忆中。

在摇快船比赛竞技的过程中，每一次争夺荣誉的过程就是个体完成自我身份认同的过程。以神社为单位进行赛事筹备与船只修缮事宜，让人们意识到自己归属于哪一自然村。在比赛争夺荣誉的过程中，每一位船手都明白自己是在为自己的村庄拼搏，更加强了这种对集体的归属感。

摇快船活动举行的地点往往是集镇，各村落将快船摇到集镇再进行竞技赛事与表演活动，其结果是促进了环淀山湖地区的整体化。每一次集镇庙会都有来自四邻八乡的村民摇船前来。在观看表演、采买生活用品、祈福烧香等活动中，来自环淀山湖地区的劳动人民结下了深厚的友谊。

摇快船民俗活动作为一个流传范围广、传承时间悠久的民间活动承载着各个村落集镇的历史，也承载着每一位参与者的心理与情感需求。比赛、摇船、祈拜活动、集镇庙会、歌舞、武术……每一个与摇快船相关的活动，每一项发生在摇快船民俗举行场合的活动，都通过摇快船这一形式印刻在人们的记忆中。

因此，保护摇快船非物质文化遗产项目对于环淀山湖区域意义重大。保护摇快船就是在守护一段特殊的历史记忆，一段保留至今的集体记忆。这段记忆对于老年人来说是儿时美好时光的回忆，对于长期习惯于都市生活的年轻人来说，是扎根于潜意识里的"乡愁"印记。同时，快船文化也见证着上海高速发展影响之下的农村生活，具有极大的历史意义。

本书主要访谈对象名单

本书所引用的口述资料有两部分来源。一是 2018 年我们走访朱家角、金泽、芦墟、河祝村采访所得。另一部分由青浦区文化馆提供的之前采访所得的口述资料。我们采访的口述对象也分为两个基本的群体。一部分集中在 80 岁以上的老人，他们一般都做过摇快船的船手，或是因为当时年龄尚轻，担任快船上的锣鼓手。另一部分年龄在 60 至 80 岁的老人几乎没有参加过传统形式的摇快船，但大部分都目睹过摇快船活动。这些口述资料的提供者分别是：

（1）朱家角　孙耀佐先生，1945 年生，原朱家角镇党支部书记。

（2）朱家角　盛示芳先生，1937 年生，船拳师傅后人。

（3）朱家角　陆燮明先生，1951 年生，时在朱家角旅游公司主管摇快船活动的组织事务。

（4）朱家角　杜协钧先生，1929 年生，快船经历者。

（5）金泽　倪明生先生，年龄不详，曾制作过快船。

（6）商榻　叶允仁先生，1931 年生，快船经历者。

（7）商榻　金长春先生，1932 年生，快船经历者。

（8）商榻　王续高先生，1941 年生，快船经历者。

（9）商榻　诸彩良先生，1940 年生，快船经历者。

（10）商榻　蒋仰其先生，1941 年生，原快船橹手。

（11）芦墟　徐凤林先生，1936 年生，原快船手。

（12）芦墟　杨敬伟先生，1952 年生，现吴江区黎里镇文化体育站工作人员，目睹过快船活动。

（13）芦墟　王剑秋先生，1929 年生。原快船上锣鼓手，曾在 20 世纪 70 年代恢复组织快船活动。

（14）周庄　陈宪祥，1935 年生，原快船橹手。

（15）周庄　高志良，1937 年生，原快船手。

（16）周庄　怀大成，年龄不详，现周庄旅游公司负责人。

图书在版编目(CIP)数据

青浦摇快船/郑土有等著. —上海：上海人民出
版社，2019
ISBN 978 - 7 - 208 - 16158 - 0

Ⅰ.①青… Ⅱ.①郑… Ⅲ.①非物质文化遗产-介绍
-清浦区 Ⅳ.①G127.513

中国版本图书馆 CIP 数据核字(2019)第 232338 号

责任编辑 王 蓓
封面设计 雷 俊

青浦摇快船
郑土有 吴越晴红 等著

出 版 上海人民出版社
　　　　(200001 上海福建中路 193 号)
发 行 上海人民出版社发行中心
印 刷 上海商务联西印刷有限公司
开 本 635×965 1/16
印 张 11.5
插 页 8
字 数 147,000
版 次 2019 年 11 月第 1 版
印 次 2019 年 11 月第 1 次印刷
ISBN 978 - 7 - 208 - 16158 - 0/G · 1991
定 价 68.00 元